企业的演变——传统企业＋互联网转型十年回顾

李 娜 主 编

光明日报出版社

图书在版编目（CIP）数据

企业的演变：传统企业＋互联网转型十年回顾／李
娜主编. —北京：光明日报出版社，2019.3（2022.12重印）

ISBN 978-7-5194-4968-1

Ⅰ. ①企… Ⅱ. ①李… Ⅲ. ①互联网络—应用—企业
管理—研究—中国 Ⅳ. ①F279. 23－39

中国版本图书馆 CIP 数据核字（2019）第 034439 号

企业的演变：传统企业＋互联网转型十年回顾

QIYE DE YANBIAN：CHUANTONG QIYE ＋ HULIANWANG ZHUANXING SHINIAN HUIGU

主　　编：李　娜

责任编辑：鲍鹏飞　　　　　封面设计：聚华传媒
责任校对：慧　眼　　　　　责任印制：曹　净

出版发行：光明日报出版社
地　　址：北京市西城区永安路 106 号，100050
电　　话：010-67022197（咨询），010-63131930（邮购）
传　　真：010-67078227，67078255
网　　址：http：//book.gmw.cn
E - mail：liyuee@gmw.cn
法律顾问：北京德恒律师事务所龚柳方律师

印　　刷：优奇仕印刷河北有限公司
装　　订：优奇仕印刷河北有限公司
本书如有破损、缺页、装订错误，请与本社联系调换

开　　本：170mm×240mm
字　　数：140 千字　　　　印　张：11.25
版　　次：2019 年 3 月第 1 版　印　次：2022 年 12 月第 3 次印刷
书　　号：ISBN 978-7-5194-4968-1

定　　价：45.00 元

寄　语

回望自己职业历程的十多年，作为一个互联网行业的老兵，一直在最前线，面对中小企业和企业家朋友们，用百度的产品与服务去帮助和推动中小企业成长与转型。也因此，在这个过程当中，亲身目睹了不同企业成长的喜悦与痛苦。有随势而动，抓住契机迅速由小发展壮大的独角兽；也有深耕行业多年的传统行业领袖，面对新思想的冲击，果断放下身段，拥抱变化，从而获得新的利润源泉，迈进二次腾飞。当然，更多的是错失机遇后的扼腕和叹息，目睹了一个个鲜活的企业，错失了一次次行业浪潮与机会之后，逐步退出自己的历史舞台。求其内在的原因，多会发现更多的企业，只是传递了决心和期望，但并没有真正迈入转型；或只效仿了形式，未求其本质，对于互联网的认知更只是停留在对于媒介、载体与工具的理解。随着通用底层技术的提升、信息传播的成本降低，互联网已经越来越成为基础设施，因此，平台化的认知、互联网思维方式的建立、企业组织变革的设计才是真正转型的内核。

这一段企业在互联网时代转型的过程，我相信值得我们每一个企业家和职业管理者仔细品读、审视与自省。时代是不断前行的，互联网变革的十年，正是一面最好的镜子，让我们思考如何在新的趋势面前，结合自己的企业特点、行业趋势抓住机遇，在市场营销、交易转化、用户的运营管理上既做到与时俱进，又能构建自己的先导优势。

祝愿大家在互联网的下半场取得更多的突破，拥抱变革，迎接新的挑战与机遇。

百度北京分公司总经理——王骊之

2018/09/16

寻找互联网时代企业的成功基因

"转型找死，不转型等死。"这句话最早流传于移动互联网正炙手可热之时，受用户习惯改变及传统模式经营困境的影响，企业界掀起一股向互联网转型的潮流。但几年后的今天，我们再提向互联网转型，其实内涵已经发生了很大的变化。

在当前的局势下，生生死死成了企业的常态。中国有超过 8000 万的经济主体，平均每 3 秒就有一家企业诞生，每 10 秒就有一家企业消亡。面对这样的时代，企业只有两种选择：要么想方设法集中所有资源，灵活变革，继续保持江湖地位；要么束手无策，随时做好江湖地位被他人取代的准备。

今天，不管你做出多么正确的商业政策，都有可能死掉，因为你计划变革的基因不在原来成功的基因里。以诺基亚为例，其实触屏技术是诺基亚最早发现的，比苹果早很多，但为什么智能手机没从诺基亚出来？因为这与原来的团队基因相抵抗。社会在不断提出新的要求，不变不行。"变"可能是死路，但"不变"一定是死路。

当你的企业决定"变"的时候，我们仍需看清楚当前的"势"。企业向互联网转型，今天已经进入到了以社会级的商业服务平台为代表的第三个阶段。从企业级到社会级，这是一个巨大变化，由此带来了新的社会化商业模式。在这个模式下，企业和企业之间将实现连接、协同和共享。这也是中国企业转型升级的一个重要路径。

在企业向互联网转型的过程中，一批企业已经取得成功，但是更多的企业还在探索，有的可能还不太清楚从哪里着手。企业向互联网转型，不能只是从技术的角度或者部署模式的角度来看待，更要看到的是企业信息化从哪里着手、焦点的应用领域在哪里、带给企业的价值在哪里、帮助企业实现什么目标。

从焦点应用领域我们看到数字营销和客户服务、社交和协同办公、智能制造、数据金融，是今天企业向互联网转型的焦点领域，当然不同的行业企业有所差别。

从互联网带给企业的价值来看，需要看到四个方面：第一是要真正建立起从厂商导向到客户导向的全新商业模式，从产品提供商向客户运营商转变；第二是要由原来的从上到下的金字塔模式转为基层员工一线组织，更加发挥主动和创造力的员工能动的组织；第三是在企业运营模式上，由原来以流程为核心的模式转为数据驱动；第四是从原来的延迟运行转为实时运行。说到底，企业向互联网转型的根本发展目标就是四个：增长收入、降低成本、提高效率、控制风险。从这里出发，才会取得更大的实效。

在互联网时代，要实现以上四个目标，还需要找到两个基因：网络效应和客户资产价值。只有如此，才有可能打造一个成功的企业。

网络效应就是随着规模的增加，边际成本越来越低，最后趋近于零；边际效益越来越高，最后趋近于无限大。客户资产价值，取决于你跟客户的关系，如果你跟客户的关系仅止于买卖关系，那你的客户资产价值是有限的。如果你跟客户的关系能够提升，你跟客户的黏性、互动，以及可以创造客户资产价值的机会就会增加很多。要实现客户资产价值，必须在客户关系上由"升级"转为"升维"，否则你的商业模式也只能是旧瓶装新酒。

传统企业转型互联网，最重要的就是要转变思维模式，用互联网思维全面武装自己。在产业选择上体现跨界思维、在战略和商业模式上选择平台思维、在产品研发方面体现极致思维和简约思维、在供应链管理上体现用户思维和迭代思维、在营销和服务方面体现流量思维和社会化思维、在职能战略方面实施大数据思维，这样的思维转变，才是真正的互联网思维。

中企动力 CEO——陈鸣飞

2018/09/16

前　言

　　企业互联网化的主要内容包括生产制造与服务模式的互联网化、营销模式的互联网化、管理模式的互联网化和商业模式的互联网化。企业互联网化能够提升中小企业的生产能力和优化内部分工结构，拓展中小企业的融资渠道，提升中小企业市场竞争优势，有效帮助中小企业拓展市场。但是，在"互联网＋"面临的不确定性、互联网生态圈认识上的偏差以及中小企业转型升级面临的现实问题等等不利因素的影响下，会使企业的互联网化发展面临诸多困难。因而，中小企业要以开放心态和互联网思维，发展平台经济，关注微创新，以寻求新突破，并通过努力探索"企业互联网化"战略的落地实施方法、构建"企业互联网化"公共服务平台网络、创新"互联网＋"金融运行模式等措施，推进中小企业创新发展。

　　企业互联网化代表一种新的经济形态，即充分发挥互联网在生产要素配置中的优化和集成作用，将互联网的创新成果深度融合于经济社会各领域之中，提升实体经济的创新力和生产力，形成更广泛的以互联网为基础设施和实现工具的经济发展新形态。2008 年～2018 年"互联网＋"应该是一场以云计算、物联网、大数据为代表的新一代的信息技术与传统产业的融合，并在此基础上扩展成一个新的商业模式、新的商业业态和新的商业形态。"互联网＋"不仅仅是简单的技术叠加，更应该涉及更为深入的深层次的自我颠覆、组织重构、管理净化和互联网转型。如今陆续地出现了许多中小企业公共服务平台，"互联网＋"信息化服务子平台就是帮助中小企业将互联网与传统行业相结合，为企业提供满足各方面需求的信息化应用和服务，力争成为中小企业互联网化和信息化的沟通、创新、合作和服务一体化的平台，以帮助企业在信息技术上和思维上向互联网化转型。

　　企业实现数字化智能经营就是要让企业几乎所有的商业行为，诸如销售、服务和管理等都通过数字化的信息系统进行连接和沟通，使企业能够在竞争激烈、变化无常的市场环境中生存并保持竞争力。互联网化的目的就是构建更加互联、智能、开放的企业级服务生态，成为企业数字化的成功平台。

目　录

上篇　十年弹指一挥间 ……………………………………………… 1

第一章　时代洪流，如何选择互联网转型方向 …………………… 1

　　第一节　国家经济的柱石——中小企业 ………………………… 1

　　第二节　把握互联网转型新契机 ………………………………… 9

　　第三节　互联网转型方向的选择很重要 ……………………… 16

第二章　互联网转型的路径 ……………………………………… 19

　　第一节　互联网时代下，初创型中小企业存在的管理问题 … 21

　　第二节　互联网初创企业资源整合 …………………………… 24

第三章　互联网经营，前进还是退缩，关键是要掌控节奏 …… 25

　　第一节　中企动力成长路 ……………………………………… 25

　　第二节　互联网经营之：专业立本，差异发展 ……………… 31

第四章　机遇与挑战，互联网爆发 ……………………………… 34

　　第一节　企业互联网化发展概述 ……………………………… 34

　　第二节　"互联网＋中小企业"思维的研究 ………………… 44

第五章　从模仿到创新，企业的不断进化 ……………………… 54

　　第一节　从模仿到创新，企业的不断进化 …………………… 55

中篇　企业战略，思维突破格局 ………………………………… 63

第一章　解读互联网运营管理秘诀 ……………………………… 63

　　第一节　中小企业信息化管理 ………………………………… 63

　　第二节　互联网转型升级中小企业管理创新 ………………… 69

　　第三节　中小企业运营管理系统建设 ………………………… 75

第二章 企业信息化运营模式 ·················· 80

　第一节 企业信息化运营概述 ·················· 80

　第二节 中小企业电子商务运营模式与路径选择 ········ 87

第三章 中国式企业失败的原因 ·················· 93

　第一节 《大败局》中的中国式企业分析 ············ 93

　第二节 中小企业失败分析 ··················· 97

第四章 避免出现"中国式失败"——多元化经营 ········ 106

下篇 真正的成功 ······················· 112

第一章 从信息化企业到企业信息化 ·············· 112

　第一节 信息化的概念 ····················· 112

　第二节 信息化的特点 ····················· 114

　第三节 信息化企业 ······················ 116

　第四节 企业信息化 ······················ 119

　第五节 互联网背景下传统企业的发展趋势 ·········· 125

　第六节 中企动力的信息化建设进程 ············· 133

第二章 成功实现企业互联网化的企业实录 ·········· 136

　第一节 红领——传统制造业的数据化转变 ·········· 136

　第二节 361°——一款鞋背后的互联网化思维 ········ 139

　第三节 芬尼克兹——一家空气能热水器公司的信息化转变 ···· 141

　第四节 荣昌洗衣——中华洗衣网的诞生 ··········· 144

　第五节 企业信息化发展的主要理念 ············· 147

第三章 传统企业转型成功的案例 ··············· 149

　第一节 传统企业利用互联网成功转型的方式 ········· 149

　第二节 快消品行业在互联网下的奋斗 ············ 155

　第三节 传统农业在"互联网＋"下的转型和升级 ······· 160

　第三节 总结 ························· 164

参考文献 ··························· 167

上篇　十年弹指一挥间

十年弹指一挥间，过去的岁月已经无法重来。过去的十年我们经历过许多大大小小的故事，其中有欢喜，有悲伤，有阳光，有乌云。这些都成为我们所走过的经历，但是回首过去，有多少回忆值得我们引吭高歌？过去的岁月值得回忆，但是不能留恋；人生是短暂的，十年的时间更是短暂的，要想在有限的年华里实现无限的梦想，我们不得不加快上升的步伐，以为我们的人生增添更多的色彩。这样在我们回首一生的时候，才能有更多的欣赏，而不是悔恨。

第一章　时代洪流，如何选择互联网转型方向

如今，信息科学技术、计算机技术、智能技术等慢慢崛起，并且已占据了当今世界发展的主流地位，网络更是深入到千家万户，说互联网带领着社会走上了网络时代一点也不为过。十年弹指一挥间，互联网已经成了业界翘楚。互联网十年来的变化有目共睹，作为一个人才需求量非常大的新兴行业，互联网精英们层出不穷，为了理想而奋斗，有的人大放异彩，有的人折戟沉沙，有的人又劫后重生。如今，互联网正处于转型的过程中，在这个重要的时间段内，面临选择行业的人们，是为了自己的理想奋力一搏，还是随波逐流，已然成为在互联网转型大潮中不可避免的问题。

第一节　国家经济的柱石——中小企业

中小型企业为我国经济发展做出了巨大贡献，可以说他们是我国经济的

柱石。近年来我国中小企业逐渐发展成为占据我国重要地位的经济主体，但是随着经济的发展，企业之间的竞争力逐渐加大，中小型企业逐渐暴露出一些潜在的问题，包括资金周转不灵活、投资不够谨慎、经营粗放分期等，都是当前急需解决的问题。因此，研究中小型企业的企业管理和企业经营对他们来说具有非常重要的意义。

一、我国中小企业的总体概况

国家计委、国家统计局、国家经贸委和财政局四部委共同修订的新《中小企业划分标准》中指出，中小型企业的划分是按照销售收入和资产总额是否全部为 5000 万元为基准的，高于它的为中型企业，低于它的为小型企业。近年来，我国中小型企业不断地发展，同时响应着国家的号召，积极发展技术创新能力，注重对外开放的发展，逐渐地提升自己的实力以及发展空间。到目前为止，我国中小型企业数量已经达到相当大的规模，占据全国企业总数的一大半以上，可以说中小型企业已经影响着中国经济的发展，甚至是推动着中国经济的发展。而且如今中国逐渐地开拓国外市场，慢慢形成和国际接轨的模式，对外开放政策不断落实，中小型企业作为国内企业发展的主力军，未来的发展空间必然相当高。但是不可避免地，我国中小型企业在其发展过程中，也会暴露出一些问题，如企业素质不够高、技术创新能力有待提高等，中小型企业只有在不断地发现问题、解决问题的模式下，才能走向更高的发展道路。

我国中小型企业在经营过程中，有着极为相似的经营模式：经营管理方面，企业的经营权和决策权一般是由企业最高领导集体掌握，对于企业的重大决定，他们会根据当前实际情况做出对于企业来说最有利的决定，这样不仅降低企业经营的复杂程度，还在一定程度上为企业节省时间，提升效率；经营规模方面，中小型企业由于自身规模的限制，经营过程中，可能面临着经营风险的增加；经营理念方面，中小型企业在财务管理方面的相关管理思想和管理措施力度不够，需要在以实现企业利益最大化为目标这方面加强力度。

二、互联网时代下传统企业转型升级

如今，互联网已经走入千家万户，深入到生活的大街小巷，近年来出现的各种智能技术如云计算、大数据、无线联网、人工智能技术等逐渐地兴起，社会的发展越来越离不开新兴技术，各行各业慢慢地发现新兴科学技术在企业发展的可观前景，从小型零售企业到大型商务公司，再到金融行业等，都离不开互联网的引领。国家也越来越重视互联网的应用和发展，意识到了互联网的发展空间，并且在2015年发布了"互联网＋"的行动计划，这是在国家层面上对互联网事业发展的重视，可见互联网技术发展的重要性。相信在不久的将来，"互联网＋"的时代一定会在企业中盛行。

现如今互联网在各行各业中应用颇多，互联网的出现为我国传统企业发展实现了转折，他们将互联网引入到企业经营当中，利用互联网的信息量巨大、传播速度快、关注人群量大等优点，逐渐发展起自己的优势品牌。尽管互联网有如此多的优势，但是也存在着许多问题，比如专业性人才稀缺。互联网作为新时代的科学技术产物，其所属的领域涉及的大多是高复杂度、高计算量、高效率、水平高级的技术。一个企业要想实现互联网化，它所需要引进的人才必须是专门的技术人才；但是目前我国尚处于企业互联化的起步阶段，各方面都存在着不足，尤其是专业人才的培养这一方面。因此，各个企业逐渐意识到自身的不足，开始正视问题，从公司的专业型互联网相关人才的引入以及培养公司员工互联网相关知识着手，同时还注重构建企业互联网串接起来的经营模式，致力于实现互联网为主的升级转型。

1. 互联网时代下传统企业转型升级的本质

企业是从事生产、流通、服务等经济活动，以生产或服务满足社会需要，实行自主经营、独立核算、依法设立、具有经济法人资格的一种营利性的经济组织。传统的企业大多是劳动密集型，现代的高科技企业大多是知识型创造企业，中国的企业正在向知识经济转型，他们大多是专注于没有引入互联网相关技术的企业，从事的都是自己原来的加工生产等工作。不难看出，在互联网盛行的今天，传统企业仅仅专注于老旧的生产模式是无法跟得上目前社会的发展需要的；要想在激烈的竞争市场中保有自己的地位，必须意识到企业引入互联网、智能技术等相关技术的重要性。

传统企业如果想达到转型升级的目的，就必须对互联网有一个深刻认识。互联网实际上也不是最初就发展得如现在这么广泛的，它同样经历了技术的更新，到现在为止依然没有停下更新的脚步。到目前为止，互联网可以理解为一种以大数据、移动终端、云计算等技术为核心的网络。赵大伟认为传统的互联网指的是桌面形式的互联网以及移动形式的互联网，而新一代则指的是"大互联网"。新一代互联网的出现将世界带入了一个过去从未有过的新型网络世界，它不局限时间、地点、人物等因素，人们随时随地地进行互动，只要是网络在线，人与人之间、国与国之间的交流就不会断。

目前，企业已经逐渐地认识到实现互联网发展的重要性，开始致力于将互联网和企业融合发展。许多企业已经取得显著成效，甚至有许多传统企业由于互联网的引入已经完全重构更新了。互联网的发展不是没有道理的，企业可以通过更多更有效率的渠道去了解并且满足消费者的需要，正是因为这样独特的优势，企业如果想转型升级成功，一定离不开互联网。对于过去传统企业在实现产业升级的摸索中，走过的许多弯路，如今已经出现了一条可以解决这些弯路的有效途径。直白地说，互联网就是将所有东西通过互联网都连接起来，不论何时何地、何人何物，互联网总能在一定层面上找到他们之间的联系。其实企业之间的关系也是如此，虽然企业之间的关系错综复杂，但是有了互联网的存在，不论企业之间还是企业内部各部门，他们之间都通过互联网在某种程度上连接了起来，就算是曾经看似毫不相关的企业外部的利益相关者，也会由于互联网的连接作用，让企业看到他们之间的连接性。

因此，在互联网时代的背景下，传统企业如果实现转型升级，必须发展互联网；而他们转型升级实际上就是利用互联网将所有和企业利益相关的人连接起来，形成一个围绕客户需要的联系体，不再是过去的僵硬化控制产品的生产加工、销售渠道的模式了，而是基于大数据以满足消费者需求为目的，为消费者提供令其满意的产品或者相关的服务。

2. 互联网时代下传统企业的SWOT分析

（1）互联网时代下传统企业的优势

之所以说传统企业必须要融入互联网，是因为互联网对于企业未来的发展具有促进作用，且适应了当前社会的发展。但是，不论是对于企业自身还是消费者来说，产品都是最重要的，在互联网没有出现之前，产品就已经是占据重要位置了，企业是非常注重产品的质量、品牌影响力度的，当一个企业以某种特色产品打开市场以后，这种产品就成了他们的代表产品，在这种情况下，对于互联网的需求并不明显；另外，一般情况下，传统企业在经过一定时间的发展，已经积累了一定的经验，线下市场已经打开了，企业已经发展出经验丰富，相对成熟的体系结构了，在这样的情况下，对于消费者的需求来说，是更容易满足的。因此，传统企业的以上优势是互联网所不能改变的。

（2）互联网时代下传统企业的劣势

传统企业在经营过程中，不可避免地会出现一些不容易解决但是又必须解决的问题。在互联网时代下，传统企业同样暴露出许多问题。比如，当企业想要融合互联网去发展自身的企业时，会发现由于互联网的高科技性和高专业性导致企业非常缺乏相关人才以及企业自身对互联网思维的欠缺。传统企业在面对这样一个新接触的事物时，它其实正处于初步认知的阶段，企业对互联网融入企业经营的发展模式接触不够深，必然会出现专业型人才缺乏的问题。虽然有的企业已经开始针对此问题成立专门的部门，如电子商务部门，但是在如今互联网需求量竞争如此激烈的今天，由少数专职人员组成的特设部门已经不能满足企业发展需要了；如果企业想成功地转型升级，必须要提升互联网专业知识以及培养和引进大量互联网相关专业的人才。

（3）互联网时代下传统企业面临的机会

说互联网的发展对于我国中小型企业的发展有重要作用不是没有原因的。在2013年以前的大部分时间，在互联网大热的情况下，中国的互联网经济效益发展并不理想，相对于世界上的发达国家来说，整体也处于落后水平。近几年中国逐渐认识到互联网发展的重要性，逐渐加大互联网发展的力度，到2013年，中国的互联网经济指数已经达到了世界领先水平。如今，企业发展已经达到了一个相对繁荣的阶段，但是同时也进入了一个发展瓶颈阶段，需要不断地探索，并且进行转型升级。这时，互联网就能够起到一个推波助澜的作用，为中国经济企业到促进作用。所以不得不说，互联网时代下，互联网这个优势平台为传统企业的升级提供了有利条件，创造了更多的机会。

（4）互联网时代下传统企业面临的威胁

虽然互联网在很大程度上为经济的发展起到了一定的助力作用，但是随着它逐渐地融入社会、融入生活，人们的生活方式、工作方式已经慢慢地受到影响；对于传统企业来说，其也同样受到了不小的影响。传统企业在经过长期稳定的发展后，已经形成了相对完善的企业结构以及管理体系，而互联网的出现对传统企业的冲击并不小，比如，随着阿里旗下的淘宝、天猫，以及京东商城近几年的飞速发展，人们可以在网上购入各种商品，尤其是物美价廉的小型商品；因此网购的出现严重影响了传统零售业的发展。直白地说，传统企业现在面临的威胁不仅是同行业的竞争对手，而是在同行业的基础上又出现了一个外部替代者，他们利用互联网的优势开始在网络上营销传统企业的商品，而且在价格上、效率上都比传统企业更具有优势，这对传统企业来说是一个不小的冲击，它破坏了传统企业的生存规则，严重影响了传统企业的生存方式。不得不说，传统企业正面临着随时可能被更新的威胁。

综上所述，传统企业应该正视互联网时代自身存在的优势和不足，抓住机遇，弥补不足；在企业内部产品和品牌自身就具有的优势的基础上，开拓外部市场发展，利用互联网弥补外部不足，以达到转型升级的目的。

3. 互联网时代下传统企业转型升级的策略

传统企业如果想要达到转型升级的目的，必须针对自己所面临的威胁着手进行改善，首先就应该使企业内部各部门各阶层认识到建立互联网思维的重要性，并且真正落实企业建立互联网思维，然后要制定企业在互联网时代的战略计划，根据所制定的计划去完善企业组织结构、管理体系，并且加强互联网相关专业技术人才的引进和培养。

（1）建立互联网思维

如今，我们已经进入到了互联网时代背景下的社会发展历程中，一个企业要想融合互联网，就必须经历以下两个阶段：第一个是建立互联网思维，第二个是在互联网背景下进行组织和业务上的重构。互联网思维实际上是指在各种新兴技术的发展的背景下的一种对于企业发展方向、产品升级、企业价值，甚至是整个市场的深入思考方式。但是对于传统企业来说，要想实现互联网思维的建立并不是一件容易的事，建立互联网思维，不仅是让企业意识到互联网的不可或缺，而且是要让企业所有员工在真正意义上接受互联网、习惯互联网在企业中的存在，让互联网切实地融入企业文化中，融入员工日常工作中。

（2）明确战略定位

传统企业必须认识到在互联网发展的背景下，自身所要制定的战略计划的本质到底是什么。企业首先应该考虑的就是自身的特点，只有结合自身特点去制定战略计划才能适应企业未来的发展。其次，明确企业自身的战略定位是什么，无非就是两种定位选择：一种是将企业发展成为互联网电商的经营模式，另一种是借助互联网这个外部的平台以实现企业外部的转型升级。但是不论是哪种定位，企业都必须对自己进行科学评估，客观地制定明确的发展计划。换句话说，各个传统企业要用互联网这个具有很大优势的平台以及相关的新兴技术去建立一个新型的商业生态市场，也就是实现"互联网＋"计划。

（3）调整组织结构

传统企业在制定好战略计划以后，必须切身实际地落实战略计划，首要的任务就是调整企业的组织结构。一般情况下，企业组织结构可以理解为一个非常稳固的金字塔式的命令指挥系统，也就是说，企业的组织结构分布是从上往下分层分布，命令也是从上往下传递的，各层次之间相互联系，任何一个层次出现问题都会影响企业经营。尤其是在客户需求这一方面，由于互联网加快了响应客户需要的速度，所以当某一个层次出现时间拉长的情况都会导致企业的组织结构跟不上互联网的速度。

（4）构建新的营销渠道体系

营销渠道体系对于传统企业来说是非常重要的，无论有互联网加入与否，企业都应该注重营销渠道体系的构建。互联网时代下，传统企业的营销渠道增多，会出现营销渠道冲突的问题，所以构建一套升级的、完整的营销渠道体系非常有必要。既然互联网融入了企业，那么线上营销是每个企业必然会选择的营销渠道。传统企业如果想要拓展线上营销渠道、实现线上营销、线下提货、发货的营销模式，必须要做好充足的准备，比如技术支持、资金充足、专业人才具备等准备。企业不仅可以自己构建互联网营销平台，也可以和其他互联网企业合作，完成线上和线下营销的平衡。企业必须注意时刻关注着营销动态，主动地发现当前营销体系的不足并且做出改进，以全面提升企业营销能力。

（5）强化互联网人才引进和培养

对于一个企业来说，一个优秀的管理团队和技术团队是企业升级转型的必要条件。因此为了适应互联网时代下的发展，企业必须注重互联网相关技术人才的引进，管理类、技术类、操作类等都需要具有互联网相关能力的人才的注入。另外，企业要建立一个互联网专属部门，这个部门与传统部门是不同的，这一部门的人员配备必须是具备互联网相关方面能力的人才，不论是部门领导还是普通职员，都要具有一定的互联网专业知识。而且，在互联网人才招聘方面，要让员工看到他在企业的发展前景是良好的，效果最明显的办法就是让员工可以获得一部分的企业利润，这样企业上下就从原来的利益共同的模式转变为事业共同的经营模式了，企业的每一个员工都有责任经营好自己的公司，有一定的责任和使命。

（6）构建新的产品体系

互联网时代下，许多传统企业的产品体系是不能适应互联网销售平台的，这会严重影响到传统企业的经营，所以传统企业要想使自己的产品体系跟得上互联网的发展节奏，必须要结合当前的市场变化趋势，建立以消费者需要为中心的新型产品体系。另外企业可以通过大数据了解自身企业的消费者群体的种类和特征，为消费者量身定做出相应的产品和服务。过去，传统企业以产品为中心，现在企业要过渡到以消费者为中心的发展方向，围绕消费者制定不同的产品体系。

如今，互联网逐渐地在市场经济当中占据主要地位，与社会活动相结合。这对传统企业是一个不小的影响，传统企业必须深化改革，以适应当前社会的发展。可以预见的是，在未来，互联网和企业的界限将会越来越不明显，甚至将会成为企业中的一部分。在这样的一个发展趋势下，传统企业要想长久发展下去，必须考虑如何借助互联网的优势去完成自己的转型和升级。

第二节　把握互联网转型新契机

互联网时代下，人们的生活习惯、消费习惯都或多或少地和互联网产生了联系，所以越来越多的企业开始引入互联网，利用互联网去提升自己的营销效益，可以说互联网转型已经是传统企业必须要做的事。然而，即使到了今天，依然有企业认为互联网仅仅是一个工具，这种认知是不正确的，互联网时代已经来临，企业要想在激烈的环境下生存下去，必须谋求转型之路。对于一个企业来说，互联网转型并不是任何时候都可以实现的，它对于企业来说是一个机遇，是企业必须抓住的机会；企业只有抓住这来之不易的机会，才能继续开启转型之路。

一、互联网转型实录——"金犁奖"得主"85 后"曹志远的互联网转型故事

如今，互联网转型的例子多不胜数，曹志远就是完成互联网转型的成功例子。曹志远出生于安徽的一个偏远农村，2006 年，他从湖南圣湖机电职业技术学院计算机网络专业毕业，然后从事了营销相关的工作。虽然曹志远毕业之初做的工作并不和他的专业相关，但是他做得非常出色，短短几年，他完成了湖南美迪装饰公司普通营销员到营销总监的蜕变。他从不满足于现状，针对营销领域提出了许多新的理念和创新举措，带领营销部门为公司收获了很大利益。2009 年，他开始了自己梦想的追求之路，在这一年，他创办了自己的公司——乐住网络服务有限公司，这一年，它创造了"业主手册，透视家居"的新型商业模式，取得了非常人的成功，人们对他赞不绝口。然而没有人知道，其实最初他决定创业的时候，身上仅仅有 2800 元人民币。短短时间内，曹志远的资产从 2800 元翻倍到上千万，这对一个普通人来说几乎是不可能完成的事情，但是曹志远却真真切切地做到了。

2013 年，是曹志远名声大噪的一年。虽然 2009 年的小试牛刀令曹志远获得了不小的成功，但是他并没有满足现状，他一直观察着市场的走向，研究市场发展规律，最终认为互联网将会带来可观的利益。终于在 2013 年，他成立了"捞偏门研究院"，并在"业主手册，透视家居"中，继续推出了新的透视家居项目，他利用了三年的时间，将目光放到了全国中小型企业，致力于帮助更多的年轻人去实现自己创业目标。这一壮举令他名声大噪，中央电视台《面对面》以及《致富经》都争相邀请他做专访，全国各个大型媒体都先后报道他的创业历程，全国上下无一不称赞他的创业成功。就这样，曹志远被视为最值得广大青年学习的典范。

曹志远获得的成功让无数人羡慕，却没有人知道他成功背后的辛酸。曹志远在追求梦想的道路上，也吃过非常多的苦头，也许当人们看到他过去所经历的坎坷时，更多的是佩服他的能吃苦、坚强不放弃。镜头前的曹志远总是风光无限，他仅仅 32 岁，却已经取得了可能普通人永远无法取得成就。成功永远不是偶然的，它属于勇于坚持梦想的人，曹志远在探索互联网转型的道路上也有过挫折，甚至一度低落到极端，可是对成功的渴求让他勇敢坚持了下来。那么，曹志远在他的互联网转型成功之路上到底经历过些什么呢？

2008 年，曹志远还是一个到家居公司工作两年的公司职员，每天过着和普通人一样的上班下班的机械生活，十月份的一天，曹志远去一个刚刚建好的小区推销业务，他发现物业主任手里拿着的《房屋物业使用说明书》后面有几张空白页，他想"是不是可以将与家居建材商家有关的信息或者广告一起印刷到这个手册上？"正是这样一个灵感，让曹志远取得了初步的成就。众所周知，企业转型过程中，抓住机遇是非常重要的，曹志远正是抓住了这次机会，从最初的 2800 元，在短短几天的时间就赚回了 5 万元不止。

对于曹志远来说，有一个成功的开始是非常好的，他的第一想法以及实践让他尝到了不小的甜头，这让曹志远有了自信去创业，他坚决地从装修公司辞职，然后从朋友那东拼西凑地借了五十万元，作为开公司的注册资金。由于资金有限，曹志远只能租一个小公寓作为办公室，工作中用的所有办公用品及办公设备都是在二手市场买的。前期的艰苦没能动摇曹志远的创业之梦，通过他坚持不懈的努力，2009 年 1 月，曹志远的公司注册开张，并且慢慢地适应市场发展，走上了正轨。但是好景不长，公司的资金周转比较慢，导致他不能在约定的时间内还给朋友最初创业借的钱。由于是一笔不小的数目，朋友认为他不守信用，并且找上门来，当时一度让家里非常难过，尤其是曹志远的女朋友，为了不让曹志远担心，表面上只能佯装坚强。曹志远不是不知道女朋友的隐忍和苦楚，他心疼、自责却又无奈，他本来的梦想是让女朋友过上好日子，为她创造一个更好的将来的，但是如今却躲不过公司的难处，不知何时才能渡过难关。在一次与哥哥喝酒的过程中，曹志远由于心理压力过大，便向哥哥诉苦，本想得到哥哥的宽慰，却没想到被哥哥数落了一顿，曹志远激动之下，冲着马路上行驶的车就想撞上去，哥哥发现曹志远的异样，将他打清醒了过来。曹志远诉说了自己的苦楚，哥哥慢慢地理解了曹志远的艰难和梦想，又在老家东拼西凑地借了一部分钱，替他还了借款。曹志远本以为还钱的问题解决以后，就可以继续等待公司渡过难关了，但是没想到更让他头疼的事出现了，公司在接第三单生意的时候，投资商突然变少，这对于一个正在起步的企业来说并不是好事，所以许多员工都选择辞职，公司一时间陷入困境。好在后来经过曹志远坚持不懈地努力，拉赞助，最后总算是将公司救了回来，慢慢地公司逐渐进入正轨，效益也越来越好。2012年，曹志远终于娶到了他心爱的妻子，这个女人陪着他经历了创业初期的快乐，再到中期的低谷，这个陪他走了一路的女人，是他想要过一生的女人。在他带着妻子去香港度蜜月的时候，他发现在香港很多人大部分时间都在低头看手机，他注意到了大部分人都被网络所吸引，他马上判断出网络的这种影响一定会普及到大陆。于是，他开始了他的互联网转型之路。他将想法付诸行动，致力于做一个服务于新房业主的网络平台，这个平台的优势就是免费给装修房子的业主提供账号密码，方便他们查看房屋装修进度。曹志远抓住了这次互联网转型的机遇，为自己带来了一份更大的收益，将自己的公司做大做好。

二、互联网转型机会的内涵

互联网转型对于企业和个人来说，都是一次有可能因此而改变命运的机会，因此，对于想要转型的人或者企业来说，能否抓住互联网转型这次机会对他们来说是至关重要的。曹志远的创业之路很好地证明了这一点，对于一个转型者来说，机会可遇不可求，当我们能够有幸得到一个提升企业自身的机会并合理利用它时，它就会像催化剂一样，加快我们走向成功的速度。所以，在互联网转型者们具有可以转型的能力以后，他们就需要"机会"这个催化剂去加快他们转型的步伐了，那么这个催化剂存在于什么地方呢？其实机会就存在于市场需求之中，只要互联网转型者能够及时地发现并且把握住需求，那么互联网转型成功指日可待。互联网转型实际上就是为了满足市场需求而生的，在市场发展到一定程度甚至处于停滞不前的状态时，市场会出现许多不能够满足消费者需求的漏洞，因此，互联网转型转型对于企业来说具有重要的意义。

互联网转型机会，一般来说，指的是适合向互联网进行转型的机会。转型者在互联网发展的背景下，发现市场中存在的问题，根据问题找到相应的有效解决办法，利用互联网为客户提供有价值的相关服务或者产品，从而提升自己的收益。

互联网转型具有以下特点：

（1）互联网的转型一般情况下是通过发现一个特定的商业机会，并且把握住这个机会才真正开始的。

（2）互联网转型活动具有机会导向性，也就是互联网转型机会对于转型者来说具有一定的方向引导性，这次转型往哪个方向转，很大程度上取决于机会是什么方向的，是要满足什么需要的。

（3）互联网转型活动必须要注重转型速度，并且要能够做到超前的行动。

（4）互联网转型活动一般是为了解决某种需要而出现的，因此大多转型是为了解决某种资源不充足的现象而必须进行的，所以互联网转型者必须要针对资源不足问题提供创造性的解决办法。

（5）互联网转型实际上可以理解为互联网的创新和改革，如果是一味地保持传统模式，没有任何改进的话，那么对互联网来说，一成不变是难以满足市场日益增加的需求的。

三、互联网转型机会的分类

互联网转型机会指的是一种满足市场某种需求的商业机会或者市场发展

的机会，是一种具有一定吸引力的并且能够长期维持的商务活动空间，而且最后可以表现在为客户或者消费者提供的服务中或者满足客户需要的商品中。一个好的互联网转型机会一定是具有非常大的市场价值的。要做到互联网转型就已非常不容易了，想要抓住互联网转型的机会更是难上加难，因此，转型者必须要有识别和抓住机会的能力。互联网转型机会一般分为以下几类：

1. 互联网转型的技术机会

互联网转型的技术机会指的是由于技术发生变化，进而导致互联网转型机会出现，它主要是由于科学技术取得了新的成果和创新从而实现了技术上的提升。由于技术本身是非常复杂的，所以它对于互联网转型者来说是机会最多的一种互联网转型机会。它主要有以下几种表现形式：

（1）新技术的更新取代了旧技术

一个新技术的出现必然是对一个旧技术的提升，能够满足许多旧技术所不能满足的市场需求。但是随着新技术的出现，必然也会带来许多需要解决的问题，这时商机应运而生。4G 技术取代了 3G 技术就是一个最明显的例子。在 3G 时代，中国的智能机市场和智能机种类并不多，国人对智能手机还处于认识阶段，市场被苹果手机垄断，所以人们只要一提到智能手机，就会想到苹果手机。由于国内其他移动设备并不能达到智能机的先进地步，所以尽管当时的智能机存在很多问题，但是苹果手机依然无法被取代。直到 4G 的出现，许多问题迎刃而解，可以说 4G 系统改变了中国无线通信的命运。如果说2G 满足了人们接打电话的需求，3G 满足了人们可以视频的需求，那么 4G 就在满足了人们前两个需求的基础上，还将宽带送到了人们手上，4G 系统的网速好、业务种类多、速度快，无论是对于运营商还是设备商，甚至是广告商等都有划时代的意义。因此，各个企业想要在 4G 系统的背景下进行转型，必须抓住这次技术转型所带类的商机，只有抢占先机才能达到转型目的。

（2）实现新功能、创造新产品的新技术的出现

随着互联网技术的飞速发展，越来越多的网络技术不断地更新，这些新技术的出现为互联网转型也起到了重要的促进作用。在初步建设一个网站的时候，可能只需要完成一个完整的网络就是成功；但是随着人们的需求越来越多，单一的网络系统根本无法满足人们的需要，而且，一旦网络出现问题

的时候，就需要可以解决问题、解决需求的改进技术或者具有新的功能的产品的出现。这对于转型者来说也是一种互联网转型的技术机会。但是新技术的出现也会伴随着一些问题的出现，给网站建设带来新的挑战，网站建设者只有针对具有挑战性的问题去不断地研究、不断地解决新技术带来的问题，在满足人们需求的基础上进行改进，才能使互联网转型获得成功。

亚马逊在互联网转型中以身作则，是互联网转型中抓住技术机会的成功例子。亚马逊作为美国最大的线上销售网站，从出现至今，已经发展成为全球最大的线上营销网站，尤其是图书销售量惊人，从卖出第一本书到现在，亚马逊的图书销售库大约有三百万种书籍，是世界上种类最全的书店，无论是线上还是线下，没有一家店能够比得上，可以说亚马逊用了几年时间缔造了一个销售图书的神话。其实亚马逊之所以能够这么成功，不是因为幸运，而是因为亚马逊抓住了转型的机会，并且一直都处于不断的自我改进当中。这么多年来，亚马逊从来没有放弃过升级自己的机会，从最开始的单一化销售到后来的多样化销售，亚马逊涉猎的方面越来越广泛，如今成了种类最全的图书销售网站。不得不承认，亚马逊是电子商务发展中最值得学习的典范。亚马逊之所以能够获得如此成功，离不开他一次又一次地抓住机遇、不断地创新。

2. 互联网转型的市场机会

对于互联网转型者来说，只有技术机会是远远不够的，既然机会是多样化的，并且是针对市场发展需求的，那么互联网转型的市场机会是一定存在的，只要互联网抓住这个市场机会，那么也就相当于获得了提升企业自身利益的机会。但是市场机会一般都是潜伏在市场中的，并不容易发现，很多时候都会被转型者忽略，这时就需要转型者能够静下心来深入分析市场的变化和发展，从而抓住这样不容易发现的互联网转型的市场机会。而互联网转型的市场机会又包括以下几种机会：

（1）环境机会

人的需求会随着环境的变化而变化，这里的环境包括生活环境、社会环境、政治环境、经济环境等，当这些环境变化时，人的需求也就有所改变了；而当需求变化了，也就导致需要解决的问题在某种程度上增加了。同理，在转型者寻求互联网转型时，环境产生变化的时候，会导致市场需求相应改变，从而使市场环境机会增加。比如，城市中工业基地的增加，导致了环境污染增加，这就产生了对工业排放垃圾处理技术的一个需要。又如如今能源危机越来越严重，导致需要越来越多的新能源去解决目前能源短缺的问题。这些都是环境机会的代表性例子。

（2）目前市场机会与未来市场机会

目前市场机会指的是在当前的环境变化时出现的一些市场机会。未来市场机会指的是到目前为止随着环境变化，市场上并没有出现大量的需要，可能只是一小部分的需求，甚至没有需求的一种潜在的需求。这两种市场机会在需求本质上是没有区别的，唯一不同的是他们的出现的时间先后顺序是不同的。一般情况下企业在发现了对市场有利的机会再到抓住机会并且针对需求推出特定的服务或者产品时，是要经过一段时间才能完成这一系列工作的，这属于抓住目前市场机会的过程；而当企业如果能够事先预测到某一个问题或者需求会出现，企业要提前做出相应对策进行防范或者应对即将到来的问题，这属于未来市场机会，这会提升自己的领先优势。

在这一方面，较为著名的例子就是日本汽车企业的发展了。在 20 世纪中期，日本汽车企业预测了未来汽车企业的发展方向，尽管当时许多发达国家正在大批量生产豪华大型汽车，但是日本汽车企业通过分析后认为：随着社会发展，家庭本来就不是一个非常大的群体，而且就业机会逐渐增加，闲暇的时间也多了起来，因此针对不同的需要，应该有不同的车型；而随着每个家庭都会有多辆车，如果公路上挤满了豪华大型车辆，不仅影响交通，而且对于大部分家庭来说，成本也过大，普通家庭根本负担不起。因此，他们做出预测，未来的市场一定是需要更多的小型车，并且具有驾驶方便、价格合理以及节省油量等的优点，而且这种类型的车的需求量也会非常大。基于这样的一个未来市场机会，日本的汽车企业大力生产满足需求的小型汽车，到了 20 世纪后期，日本汽车行业已经达到了世界领先水平，相对于其他刚刚起步的发达国家来说，其也是非常具有竞争力的。这是企业转型抓住未来市场机会的一个典型的例子。由此可见，抓住未来市场机会也是非常重要的。

第三节　互联网转型方向的选择很重要

互联网转型的过程也经历了许多心酸和快乐，互联网在转型初期，也并不是所有人都看到了它良好的发展前景以及后来的强大实力，因此经历了不少坎坷。如今互联网经过多年的洗礼，已经取得了很大的成就。那些在互联网转型道路上不断探索的转型者们，以及转型成功的成功者们在面对互联网转型方向的选择时必须要有足够的勇气，因为这种选择对于他们来说，是会影响企业未来命运的选择。

大多数互联网转型者都是为了完成自己最初的梦想而放弃自己现有的稳定工作，甚至是安逸的生活，不计辛苦的去探索转型之路，哪怕前方的路再艰辛、再难走，他们也已经做好继续坚持的准备。因为想要完成互联网转型并不是那么容易的事情，不是头脑一热、冲动地放弃工作就可以去完成了的，不论是心理压力还是外部压力对于转型者们来说他们都可能承担得非常多。虽然他们勇敢地迈出了第一步，但是在自己空出时间来进行转型选择的时候，他们同样需要谨慎小心、理性思考，做出合理的互联网转型方向的选择。有的转型者由于过于盲从，甚至有的转型者急功近利，做出了错误的选择，最终发现自己一所获，转型以失败告终。因此，在面对互联网转型方向的选择的时候，必须做到理性地思考、慎重地选择，只有对市场进行深入分析后针对当前局势做出合理的判断，才能继续互联网转型的正常运行。

但是实际上互联网在转型过程中，大部分转型者都会面临一个相似的问题，那就是互联网转型过程中转型方向不精确，这造成的盲从现象非常严重。转型者如果存什么行业火那我也转型做什么行业的想法，虽然这种观念不能说是完全错误，但是盲从现象的问题对企业的影响不容忽视，在转型者做选择的时候，应该对市场有一个明确的定位。比如外卖市场一度火的不得了，因此外卖软件扎堆式地出现，大家在创业的时候大部分都选择去做外卖，但是真正存活下来并且取得成功的又有几个？大部分创业者都折戟沉沙。因此，在互联网转型时，一定要理性分析市场发展趋势。虽然外卖行业火爆，那么我做外卖行业的优势是什么？这是需要我们去仔细探究的一个问题，而不是随波逐流，一定要善于发现市场中的潜在问题，并且针对这些问题去解决问题，只有这样才能做出合理的选择。

亿唐网是互联网转型方向选择不明确的代表性例子。亿唐网是毕业于哈佛商学院的唐海松创建的公司，他的创业团队实力非常强劲，包括五个哈佛的 MBA 以及两个芝加哥大学的 MBA，另外，他公司创建之初就在美国著名企业那里得到了融资，如此抢眼的开端和人员配备，在外人看来一定会大展宏图的，但非常有前景的亿唐公司却慢慢地走向了落寞。关于亿唐网走向失败的原因众说纷纭，实际上亿唐网之所以最终落寞是由于他对自身没有明确的市场定位，也就是说互联网转型方向出了问题。最初，亿唐网非常高调的对外宣称自己公司的定位是致力于为推进中国经济和文化发展的年轻人服务，通过网络为他们引进先进的生活时尚品。看似非常"高大上"的公司定位涵盖面非常广泛，涉及的领域也非常多，其实反而暴露了他们的一个问题，那就是根本没有明确的特定的市场定位，他们所服务的人群范围非常广泛，不论在受众，还是市场定位方向都太过广泛，导致迷糊不清；所以根本不能够形成公司自身的特色品牌，更别说是品牌效应。另外，亿唐网以其高调的姿态横空出世，公司本部根基没有稳固就开始在各大城市建立了分公司，在各个城市开始了广泛的宣传，这种宣传模式来势汹汹，看似会掀起一阵热潮，但是并不是所有互联网企业都可以适应这种商业推广模式的，而且亿唐网没有经过科学严谨的合理规划，这注定了他失败的未来。但是亿唐并没有放弃，2005 年，也许是发现了自身存在的问题，他们将过去的发展运作方式全部推翻，转向了当时特别火的 web 2．0，而且还针对它推出了一个虚拟网站，之后亿唐将所有家当全都致力于发展这个网站。但是好景不长，2006 年，亿唐网在资金运转不灵的时期不得不将自己的资产便宜卖给奇虎公司，获得了 100 万美金的资金。亿唐网试图再一次尝试东山再起，但是并没有得偿所愿，2008 年，当年风光一时的亿唐网彻底倒闭。这么多年来，亿唐网留给中国的也许就是为中国互联网转型提供一个引以为戒的失败案例。大部分企业都在为亿唐网感到可惜，希望自己不要面临这种问题，但是实际上亿唐网面临的这种问题在互联网转型大军中是明显存在的，定位不准确、企业转型规划不够严谨科学、目标空泛等都是现在互联网转型者面临的问题，如果转型者不能够正视这些问题，那么这对于他们的转型之路是非常不利的。那么对于一个互联网转型者来说，怎样才能精准地找到自身的定位呢：

1. 深入调查市场发展方向及市场需求。在互联网转型过程中，如果想完成互联网转型，必须要对市场的发展有一个全面的了解，只有通过对市场的调查，才能知道自己的转型方向是不是符合市场的实际需要，因为稍有不慎，就会从开始错到最后。因此，必须时刻了解着市场的发展，这不但是积累经验，也是积累人脉的过程。

2. 理智分析，全面考虑

很多人在互联网转型时，总是觉得什么火或者什么大就做什么，但是往往就会因小失大，导致最后一无所获。转型者必须理智分析市场，抓住市场发展中潜在的问题，哪怕只是一个小问题，看似不起眼的市场需求，只要转型者利用得当，将会是很大的商机。所以转型者不能放过任何一次机会，或大或小，都有可能对互联网转型起推波助澜的作用。

3. 必须要了解客户的真正需求

互联网转型过程中，客户的需求往往是转型的根本原因，大多数企业之所以实行互联网转型都是为了更好地满足客户的需求，真正地解决客户目前最需要解决的问题。因此转型者必须认真了解每一个客户当前最需要解决的问题，并且通过剖析问题提出解决方案。

4. 认清自己的优势和不足，懂得如何发挥企业自身优势

扬长避短不仅仅是对互联网转型者来说，对于任何一个人来说都是非常重要的。在互联网转型过程中，转型者必须要认清自身的问题，并且思考改进的办法；同样要发现自身的优势，且会把自身优势用到互联网转型过程中去。对于很多有过工作经验的人来说，工作经验对他们来说是一个非常大的优势，这类转型者往往可以在转型过程中面对困难时有更多的见解，这样对于在转型方向的选择时是非常有好处的。

5. 认清互联网转型的目的

实际上对于大部分互联网转型者来说，他们寻求转型的初衷都是为了使自己赚取更多更大的收益，对于一个企业来说，如果企业在互联网转型之后没有取得收益，那么这样的转型不能称之为成功。从更深层面上来理解，其实是互联网转型者应该明自己转型的目的，是为什么而转型的，只有有了转

型目的，才能够推动互联网转型的速度。

以上是通过分析互联网转型失败的各种例子总结而来的经验，对于互联网转型者来说具有重要的告诫和指引作用。在转型初期，很大一部分互联网转型者都具有经验不足的问题，所以必定存在许多需要探索的问题，如团队处于刚成立阶段许多问题需要磨合、市场分析不够深入、发展视野不够开阔等；而且有的问题即使意识到了，有的时候也由于互联网转型者经验尚浅而没有办法完美地解决。这种情况下，转型者应该怎样做呢？

互联网知识投资体系包括产品建设、产品运营、团队建设、资本运作四个体系。其实，我们前期所分析的互联网转型方向的选择是包含在产品建设体系当中的，也就是说市场分析同样是处于产品建设体系中。对于市场，并不是简单地分析市场发展情况后，然后对市场发展走向仅有一个简单的了解，而是要深入地、全面地分析市场走向，并且对市场饱和度进行合理的预测，再通过发现市场中潜在的商机，做出转型是否合理的判断。另外，根据互联网知识投资体系中产品体系的内容，可以看出，如果互联网转型者想要迈出转型的第一步，就应该做好准备工作，包括市场调查、分析问题、抓住机会、确定转型方向等，每一步都要认真地完成，只要有一步出了纰漏，都会使转型不成功。

综上所述，不难发现，对于互联网转型者来说，要想使得互联网转型成功，一定要做好事前准备，并且要小心谨慎地做好每一步，一定不能莽撞行事，否则只会引发不理想的后果。另外，互联网知识投资体系的理念提出的主要目的是培养核心领导人，帮助他们提升自己的认知能力；因为一个互联网领导人所做出的决定关乎整个企业命运。因此，作为一个互联网转型企业的领导人必须具备分析及解决问题、能够为企业互联网转型掌握好方向的能力。而且互联网知识投资体系为互联网转型的团队提供了一套完整的转型流程体系，这对于一个完全没有互联网转型经验的团队来说，是非常有帮助的，会在很大程度上帮助互联网转型新手们少走一些弯路。

第二章　互联网转型的路径

冯鑫觉得暴风影音开始的两年是顺利的，但是后来觉得自己犯了一个错误，他觉得他个人没有认知到钱的作用，对钱的理解没有那么深刻，所以导致了后来的暴风影音由于资金的问题无法进行。58 赶集的 CEO 姚劲波和冯鑫有同样的感受，他觉得如果当初自己创业时不是单打独斗，而是找合伙人，找更多的人帮助自己，加盟自己，那就没赶集网什么事儿了。蓝港创始人王峰还是幸运的，在 2008 年 5 月 10 日，他的 B 轮融资到账，2008 年 5 月 12 日，汶川地震，等待他的是两年的资本寒冬，但是即使这样，王峰还是没能倒下，他披荆斩棘地活到了最后，无论面对什么，王峰总是能带领他的团队化险为夷、转危为安。后来当姚劲波与王峰见面时，还庆幸自己当时拿了1000 多万美元。和姚劲波相比，杨浩涌似乎没那么幸运，因为金融危机的原因，蓝驰在 2008 年 6 月给赶集网发了一份投资意向书，但是由于谈判时间比较长，时隔一年才拿到。

俗话说，瘦死的骆驼比马大，在金融危机时期，杨浩勇不拿薪水想办法卖广告，但是庆幸的是，公司做了很长时间了，有一定的客流量，所以在卖广告的时候，有明显的收入，而且成效很大，当时公司只有 40 多人，一个月的营业额可以达到 70 多万，这对当时的赶集网来说已经很不错了。在公司每月达到 100 万的时候，大家聚在一起吃蛋糕，蛋糕上边写着"一百万"以此来表达所有人的兴奋。

对于互联网转型这件事儿，杨浩涌有他自己独到的见解，他认为，一是早点等到别人对自己的认可，然后对自己展开投资，从而和对手拉开差距，二就是把自己的团队中的中流砥柱发展培育好，总的来说，就是资本和团队建设十分重要。他认为，好的团队是在公司困难时不离不弃，心往一处想，劲儿往一处使，等公司做大了，做强了，反而会轻松平淡很多。2008 年，暴风的员工增加到七八十人，冯鑫觉得管理方面出现了漏洞，到公司破百人时，更是让冯鑫感到头痛，于是他准备一走了之。当他想逃避这个现实问题之前，他去了道观待一段时间，他意识到，成立一个公司很难，可是当你选择放弃自己努力打拼的产业的时候，那更是谈何容易，于是他重拾信心，回到了公司。这回，他改变了自己公司原有的模式，开始做管理、抓业务、拓展新领域。冯鑫说，一个公司每年都要有两个新的目标，而且这两个新的目标必须要达成，这是一个成功的公司应该所具备的状态。拉勾网创始人许单单遭遇过和冯鑫同样的经历，在 B 轮融资后，公司里的人开始对公司的各种待遇问题、制度问题、文化问题、管理问题，提出各种各样的异议，这让许单单更为不胜其烦。3W 咖啡创始人和拉勾网 CEO 马德龙交谈过，他们一致发觉，在别人看来风光的时候，往往是互联网转型最难的时候。

许单单在参加培训班时候，遇到军联资本的王建庆，她向王建庆道出了自己的困惑和疑问，王建庆这样做出答复："公司一年多的时间就走到了 B 轮，一定有成功的地方，这个时候不要说做企业文化，90 后也不喜欢企业文化，就把公司的高管和核心层拉到一起，好好地聊一聊，是什么因素让公司走到今天的，又是哪些因素阻碍了梦想地前行。"许单单顿时恍然大悟，把公司高管聚集在一起，拉到郊区农场里，整整讨论 12 个小时，最终得出结论，野心、快速执行、自我驱动、结果导向是他们要做的关键。

美团点评 CEO 王兴的观点是：判断一个问题，首先要想这是不是一个全新的问题，还是别人已经解决过的问题。管理不是一个全新的问题。放眼世界，最大的私营企业沃尔玛大概有两百万人，IBM、华为大概二十万人，BAT、京东已经多达五六万人，他们显然解决过这个问题。他认为一个 CEO 只能做一些无法让别人代劳的事情，第一是战略愿景和总体战略，第二个是团队，第三个是确保公司有足够的钱。

第一节　互联网时代下，初创型中小企业存在的管理问题

对于中小型企业来说，"管理"是个大问题，在互联网的当下，什么是管理？对于中小企业来说就是"大后方"，没有稳定的"大后方"互联网转型是走不了多远的。互联网转型阶段的管理目标应该是不断提高企业的生存能力，企业的方方面面都应为围绕如何"保平争胜"，要建立一个"正循环"的企业运营模式。现在中国的一些小型民营企业互联网转型者经常有这样的想法，"要发展成行业龙头""占领市场制高点""多元化经营"等远大抱负，不切合实际地把一些大型企业的做法、管理体制、制度、模式套用到自己的处于初创过程中的中小民营企业，这不仅教条，而且十分危险。虽然 10 年以后的市场、前景非常好，也确实很有吸引力，问题是你是怎样让这个企业挺过这初期的二三年？我们认为："阶段不可逾越。"在互联网转型阶段，企业生存的

需要可能远远重于发展的需要，记住陈毅元帅的一句话，互联网转型"艰难百战多"。这里的"战"，对互联网转型企业来说，有技术之战，有市场之战，更有管理之战，这当中的过程并不简单，甚至让相当一部分的中小企业"出师未捷身先死"。其中有一定比例的新办企业不是死于激烈搏杀的竞争对手手里，而是毁于自己手里，是"后院着火"，着实令人遗憾！"大跃进"式的盲目发展是导致初创企业快生快灭的主要根源。企业内部管理就像"拎衣服"一样，要拎衣领，这样才能够一顺百顺，但如果拎的是衣袖，那么无论花再大的力气也依然是理不顺。大部分互联网转型企业长不大，或是面临着被兼并、转产，甚至是关门停业的危险，其实经营管理不善才是影响其生存发展的根本内因。美好的前程被管理"黑洞"吞噬，互联网转型阶段的企业较为普遍地存在如下几个问题。

1. 人治大于法治

要建立一套科学的决策机制，在企业管理体制上实行法治，将是新创办企业面临的重要挑战。即使是很小规模的企业也应该在内部形成一个"决策层"，"决策层"内定期交换意见，讨论诸如产品研发、竞争对手、内部效率、财务状况等与公司经营策略相关的问题。这样可以免除因个人原因给互联网转型企业带来的失误、失败。因为大部分互联网转型企业的管理体制都不是很健全，有的甚至都没有一套规范系统的管理制度，大多数企业都是被动反应型的。而有管理制度的企业，也有很多管理制度是没有根据深入研究调查而制定的，或是仿效其他企业，并没有顾及是否适应本企业的实际情况。这也给企业进入"法治"阶段设置了制度障碍。人治之色彩的浓厚，也是其企业管理制度不健全的一个重要原因。

2. 目标仅仅是口号

在一些互联网企业中，有的企业只是一味追求短期效益或者仅仅是利润的最大化、规模的增长，从而忽略了永续经营的最终目标。有的企业在设立企业目标时，只是由总裁提出或安排一组数据，往往会忽视管理团队的力量，这样的企业往往头重脚轻，忽略了互联网企业的中心概念。

3. 忽视团队建设

导致企业目标、企业文化不能很好地在员工之间得以灌输并达成共识，造成企业内上下思想、行动不一致、员工工作效率低下的根本原因是人力资源匮乏。企业难以留住人才也是困惑互联网转型企业的较大问题。而导致这些问题的直接原因一般是缺乏完善的人力资源管理机制。一个企业最重要的是人才的开发和管理、薪酬待遇水平，而这些因素往往决定着一个企业强劲有力，是否有团队合作精神，是否能把企业文化、企业目标、企业发展作为共同的目标。

4. 权限委让不清

权限委让必须遍及全体，合理分权。有一些领导总是觉得自己的下属是不如自己的，总是担心下属办错事，所有的事都想亲自完成。又有一些领导把工作交给部属，但却不放权，最后在下属处理某些事时由于权力不够而出问题。因此，成功的领导应当是能妥善处理权限委让问题，尤其是在企业的发展处于瓶颈期时，这样他们便可腾出更多的时间去把握全局。

5. 企业文化知识花瓶

在企业文化建设过程中总是存在着一些误区，这些误区表现为：重视企业文化的组织层建设，而忽略企业核心价值观的作用；重视策划人员的创意，忽视企业的实际情况，致使企业文化只是花瓶，无法获得员工的认同；企业文化千篇一律，缺乏个性，重视文字的工整，忽略企业特性的表达。这些误区直接导致了互联网企业文化太过于华而不实，表面功夫做得很足，然而没有实质型的内容，就是一个空壳，和作茧自缚是一个道理。

6. 细节管理不到位

正所谓"细节是魔鬼""细节决定一切"，很多新创办企业之所以稍微上规模就摇摇欲坠，而且筹资越多犯错就越多，最根本原因就是企业以"精细"为核心的基础管理能力薄弱，企业团队未能通过"千锤百炼"，把细节管理训练成一种习惯；企业的组织结构、风险控制、薪酬体系、业务流程、项目管理、财务监督等基础管理的具体要素，应与资本市场所赋予的资源、市场机会及发展空间相匹配，且要能适应高速成长所要求的应变。

7. 无视知识产权

为什么很多国外的互联网企业公司做得非常有特色，是因为国外互联网转型企业非常重视聘请法律顾问（或顾问委员会），将其视为互联网转型企业核心队伍的重要成员，负责处理新成立企业的有关法律问题，包括知识产权等。而目前国人的知识产权的观念和意识比较淡薄，部分企业在知识产权纠纷发生之后才仓促应战，结果自然是凶多吉少。通常，有两类人可能侵犯互联网转型产业的知识产权：一类是互联网转型企业的同伴、雇员；另一类是互联网转型投资家。一般互联网转型同伴、雇员在工作中可能了解到互联网转型企业的一些商业秘密，这些人员在雇佣期间以及离开互联网转型企业后，有可能会利用这些商业秘密来为自己谋取利益，对互联网转型企业形成竞争。为此，一些互联网转型企业在办企业时与合伙人之间有书面协议之类的约定。对一般雇员的雇佣协议上，会加上一些非竞争、非泄密以及"受雇工作"条款，以防商业秘密泄露。因此，国外的做法还是值得我们借鉴的。

8. 小企业一样需要发展战略

企业的运作和发展其实和作战一样，需要一个系统的作战计划和流程体系，这套体系可以简单也可以复杂，关键每个企业的情况不一定，要视情况而定。但是，每一个互联网公司，无论大小，都要有简单务实的一套体系。就中国目前的形式来看，很多企业之所以稍上规模就开始摇摇欲坠，其最根本的原因就是缺乏科学的互联网转型战略，在胜利面前极易头脑发昏，极易做出"快速扩张"的决策，而在进行快速扩张时，又不注意基础管理，盲目冒进，最后难免是兴也勃焉、衰也勃焉。所以我们还是要稳扎稳打，夯实基础，做好基本框架。

综上所述，任何一家企业在互联网转型初期，都应该在这8方面加强管理，根据企业的实际情况建立相应的管理手段。这样才能够可持续发展。

第二节　互联网初创企业资源整合

资源整合是提升企业核心竞争力的关键核心之一，随着科技的进步和全球经济的一体化进程的加快，如果想保证一个企业能够屹立不倒，那就只能让企业通过不同类型的资源进行识别和选择、汲取和配置、激活和融合，使这些资源具有较强的柔性、条理性、价值性和系统性。那么企业应该如何做呢？

首先，互联网产业资源整合需要企业对内外部资源整合。其次，互联网产业资源整合需要将新旧资源进行整合。虽然资源的整合对于一些初创企业来说是非常有难度的，但是他们可以选择另外一个途径来实现，那就是选择互联网产业资源整合互动平台。新资源可以提高传统资源使用效率，反之，传统资源通过合理利用也可以激活新资源，两者之间是相互作用、相互影响的。再次，互联网产业资源整合需要横纵资源整合。通过横纵资源的整合可以有效地建立资源的立体架构，让资源更具备深度和广度。

第三章 互联网经营，前进还是退缩，关键是要掌控节奏

第一节 中企动力成长路

互联网模式下的业务发展需要物流、营销、采购、网络和电商技术等紧密结合，所需要的人才也是综合性的。仅就传统企业的电商网站运营来说，需要理解互联网生存环境的专业团队及经验，而且需要掌握网络市场环境的特性和营销模式。但目前传统企业的电商部门大都面临着专业人才缺失、运营经验不足的情况。即使线下运营比较成功的企业，其电子商务部门却只有两三个并非专业人员的情况也并不少见。

面向"互联网＋"的转型，大部分传统企业目前处在两种状态。一种是有向往，找思路，具体表现为：无法确定转型的方向，目标不清无处着手，或者多种转型可能性但无法在内部达成共识。另一种是有思路，难落地，具体表现为：企业内部对转型信心不足，缺乏合适的资源配置，缺乏相匹配的组织机制。结合传统企业互联网转型的痛点及难点，以及众多企业转型的创新实践，我们总结出"转思维、创模式、改机制、建平台"四个维度和"找准转型方向、明晰转型路径、保障转型落地"三步骤的转型方法论，帮助传统企业进行互联网转型的规划和落地。落实"互联网＋"必须要的三个步骤：1. 找准转型方向。找准转型方向需要以外部环境分析、资源/能力现状评估、利益相关方价值诉求为基础，以标杆及技术创新趋势研究为引领，结合行动式学习式的充分研讨，促成管理团队的群策群力，从而对未来的转型方向和商业模式达成共识，并树立紧迫感，增强行动的信心。其中对资源/能力现状

的准确评估是确定转型方向非常重要的一环。当外部环境对所有人是均等的，企业自身掌握的"资源/能力"就起到重要的作用。企业需要认真思考多年在传统领域积累的优势与核心能力，如何嫁接到新的互联网商业模式。2. 明晰转型路径转型变革的有序落地，需要将转型目标分解落实到业务发展策略、资源配置策略、组织管理机制优化、运营及 IT 平台搭建等具体的行动计划，同时充分考虑各项任务之间的优先级以及关联依赖关系，保证转型变革中的协同有序，形成清晰的转型实施路径图；最后通过落实阶段目标、责任主体，切实推动行动。3. 保障转型落地在转型的具体推进实施阶段，需要建立转型落地保障机制，具体包括常设的转型变革项目办公室、根据外部环境的变化及时对实施路径图进行调整优化、推进转型中的问题解决等，从而实现转型变革的迭代式、常态化管理。传统企业的互联网转型并不是一蹴而就的事情，在落实过程中还会遇到各种问题，"转思维、创模式、改机制、建平台"四个维度和"找准转型方向、明晰转型路径、保障转型落地"三步骤，希望能对转型中的传统企业有所启发。

下面将以互联网转型的成功案例——中企动力为例，来讲述企业互联网化过程中，该如何掌握住转型的关键。中企动力是一家服务于企业客户的一站式互联网营销公司，从 1999 年问世到现在，中企动力经历了无数次历练才成就了现在的地位，现在的中企动力在企业信息化运营领域有着举足轻重的地位，影响了国内众多企业的发展。

一、勇往直前，做勇敢的自己

中企动力成立初期，公司规模小、根基不稳是其当时的痛点。在后来，中企动力之所以能逐渐发展成为能够独当一面的大公司，既是因为它不断探索，对企业进行多次改革与提升，也是因为其一直有着优秀的领导人，这个人就是陈鸣飞——中企动力当之无愧的掌门人。

陈鸣飞在 2000 年加入中企动力，始终保持危机意识，从未松懈过。正是这股韧劲和敏锐的商业嗅觉，使得他在工作结果上不断带来惊人的突破，职责从最初做商务拓展工作转变为企业全面管理。在国内互联网第一次泡沫爆发前夕，中企动力是一家标准的代理销售型公司，其中 Google、域名等资源销售业绩占公司收入的70％之多。当时代理类业绩一路飘升、销售士气高涨，但作为销售管理者的陈鸣飞看到了问题。他以敏锐的商业洞察力提出：1. Google的代理业务分成比例并不符合商业逻辑，难以长期持续；2. 公司内部没有核心产品与技术，很难形成壁垒，不利于公司的长远发展；3. 企业互联网化的第一波浪潮已经到来，这是时代赋予的商业机会，错过将难以挽回。陈鸣飞洞悉到这种市场的潜在变化对未来经营可能产生的风险和机遇，在公司管理层的大力支持下，带领中企动力开始了战略转型。他主动负责产品研发，凭着一线商务对客户的理解，带领产品团队攻坚自有产品，并成功研发出了在当时被用户称为营销利器的"数商"系列产品。自有产品得到了市场的验证，陈鸣飞认为全面转型的时机已经到了，销售重心由代理产品向自有产品转型，这一方案在公司内部引起了极大的震撼。为了成功推动这场战役，既要面对销售能力的重建以及心理的不认同，还要解决全国70多家公司的协同作战，对于筹备者和执行人都有着严苛的挑战。最终，在陈鸣飞及其公司全体同仁的努力下，原本被认为不可能的任务竟然在当月就突破了历史销售记录，仅半年时间，公司整体业绩上涨20％，自有产品收入也从原来的占比25％上涨到80％。通过这次战略转型，公司不但提升了自有产品的竞争力、改善了收入结构，更化解了接下来谷歌政策调整以及撤出中国的系列危机，在问题发生前成功避开了一次断崖式的下跌，带领公司获得更大的成长空间。短短几年的时间，陈鸣飞就成了中国数码执行董事、中企动力总经理。也正是在这段时间内，中企动力完成质的跨跃。

二、变革，前进的动力

中企动力成立于1999年，是香港联合交易所上市公司中国数码信息有限公司旗下的一家大型股份制高新技术企业，成立之初就致力于为中国的成长型企业提供信息化服务。经过20年的发展，中企动力在企业数字化服务领域中已经有了一定的影响力。中企动力的主要客户群体是中国成长型企业，它们的特点是数量庞大、分布广泛、发展意愿强烈，而自身规模小、资源有限、综合实力弱，且非常渴望通过信息化手段提升竞争能力，但又缺乏IT专业技术人员、信息化投资预算很低。为了解决客户的这些问题，中企动力也在不断地完善自身的产品和服务，以帮助企业更好地解决这些经营问题；因为中企的管理层深知，只有帮助客户更好地活下去，自己才能有发展空间。而在这一系列的变革过程中，2004 年的战略变革是其发展的分水岭，就是在这一年，中企动力从一个创业初期聚焦现实企业运转需求的企业，转变为一个有创新能力、有清晰战略规划、能够进行规范化管理和运营的企业。

中企动力的战略变革过程分为"四步走"。第一步是明确发展战略。2004 年 7 月，中企动力发布了《战略白皮书》（后来被称为《中企动力战略导航》），用文字形式明确地告诉供应商、投资人、员工、客户等相关人，中企动力未来的走向在哪里、服务模式是什么、营销渠道是怎样的、可行的未来目标是什么等战略问题。事实上，此白皮书是整个公司的定位和方向。第二步是推产品，2004 年 10 月，中企动力发布了第一个数字商务平台产品，此商务平台在行业内是较为领先的运营级产品，是基于运营模式的企业级电子商务平台产品。其实早在 2002 年，公司高层领导就曾希望研发此产品，但是由于受当时现实生存条件的限制，研发的进度也一直未被提到第一位，到公司进行变革之时，公司上下已经充分认识到自有产品的重要性，因此产品的诞生也就顺理成章。经历两年多的研发，产品在面市时就表现出来了较强的竞争力，这也给公司的经营注入了新的活力。此产品主要针对成长型中小企业，由运营商搭建集硬件系统、软件系统、网络基础设施为一体的技术平台和数据中心，将企业的信息化需求按功能拆分成不同的模块，以标准化组件的形式集成在技术平台上，企业客户可以按需选用、按使用付费，运营商则提供持续的维护、升级等运营服务。对客户来讲，他们无需掌握 IT 技术并且无需专业技术人员。第三步是建设基础设施。在 2004 年之前，中企动力对成本控制的极为严格，没有随着业务的发展对基础设施加大投入。2004 年之后，为了完善基础设施，中企动力购置了新的服务器，搬迁到国内顶级配置的机房中，保证了服务器的稳定。之后，又对一些负载过重的服务器进行了拆分，拆分到不同的服务器上面，对网络基础设施进行了一次彻底的改进，以更好地适应当时的互联网快速扩张。第四步是调整管理架构和梳理业务流程。此前，中企动力主要由全国 40 多家分公司组成，总部负责一些支持性、事务性的工作，在管理架构和组织结构中处于松散和模糊的状态。在此之后，中企动力通过内部提拔和集团整合，搭建了管理层团队并明确了职责和协同关系，1+1＞2的效应也愈发明显。正是这种积极的用人制度，让公司内部涌现了多位技术、业务人才，同时也搭建起了销售、生产业务处理、网站产品建设、客户服务（包括呼叫中心）、运营维护（服务器的运营维护）、客户管家等业务平台。基本框架搭建起来后，中企动力又深化了各个岗位的职责，并随时根据业务变化进行灵活调整。经过一年多的转型，在2005年，中企动力的战略变革基本完成，产品创新成为中企动力战略重点。从2006年起，中企动力迎来了发展的高峰，各个方面发展态势良好。也正是此时，互联网在中国大地上以不可阻挡的速度蓬勃发展。

三、崛起，共同的努力

有了技术与产品不等于成功，陈鸣飞和他的团队在为公司作推广的时候，真的是吃了不少苦头。他们经过观察市场走向，通过合理分析发现，如果去一些类似于广交会的各种展会上推广产品其实会有很大的推广空间的，之所以得出这样的结论，是因为他发现在展会中有非常多的观众和厂商，这些人都在询问企业在哪、怎么联系等。陈鸣飞发现了这个问题后，他带领着他的团队分工合作，去到各个展会，宣传着自己的公司和产品；果然，没过多久，他们的努力得到了回报，慢慢地打开了市场，产品推广成功。

后来，随着互联网越来越发达，新浪和搜狐等网站逐渐地兴起，并且逐渐风靡全国。渐渐地，人们的上网习惯也开始转变，最初人们只是浏览新闻，慢慢开始使用免费的邮箱，再到后来各种网站开始普及到企业。但是这些变化对于企业信息化的发展并没有起到实质性作用，企业的营销和电子商务的发展并没有得到多少提升。陈鸣飞和他的团队抓住了这一点，针对企业互联网化推出了一系列产品，即符合当时互联网发展大潮，又为那些"想但不懂"的客户开辟了全新的市场，在帮助客户取得成功的同时，为中企也打开了新的业务方向。

四、重构，转型的开始

中企动力在互联网转型过程中，也是通过不断地探索，经历了不断地摸索，才逐渐地完成转型。中企动力捕捉到了市场发展的商机，成了谷歌国内首家正式授权的代理商，开始做起了谷歌搜索的推广，当时很多人都看不懂这块业务，不知如何开展，早人一步的中企自然取得了非常大的收益。到了2007 年，中企动力又抓住了中国互联网域名和在线业务的发展机遇，推出了互联网资源类业务；再到后来的企业电子商务平台、企业外贸等等，中企动力不断地发现商机、抓住商机，慢慢地实现由小到大的发展与扩张。商业社会没有奇迹，看上去的奇迹也都有必然的因素，中企动力的管理层就非常勇于面对自己所面临的困难，并且积极分析问题来源，不断地寻找市场商机并决策跟进。陈鸣飞先生回忆说，对于他以及整个中企动力来说，最成功的也是最值得庆幸的事就是他们从来没有放弃过对于市场趋势的研究和自有产品的研发，就算是企业最辉煌的时候，中企动力也并没有因此而松懈，而正是依靠这两点，帮助中企能第一时间发现机会并快速跟进。现在看来，不得不说这是一个正确的并且非常有意义的坚持。

五、未来，战略的转折

中企动力对未来的规划一直都非常重视，这么多年来一直主动摸索，寻找更好的突破点。对于中企动力来说，未来想要成功，那就是服务好企业用户，为他们打造属于自己的企业智能经营一站式云平台。

以目前市面主流产品来看，多数都在为 2C 类企业服务，B2B 型企业多不被重视，尤其是中小企业。中企动力的技术团队主动出击，不断地进行技术改革，自主开发自有产品并且定期进行改进和提升。在选择平台去做中小型企业信息化服务的时候，一直注意保障客户服务的质量以及运营质量。中企动力的平台构建就像是堆积木，首先要打好根基、建好架构，然后在一个统一的平台上，对不同的企业根据客户的不同的要求去堆积积木。对于中企动力来说，最初他们做的是软件开发，然后又增加了面向服务的加载，最后将软件开发模式化，其中每一步的改革都是通过洞悉市场规律、为应对客户需要而做出的改进。对于未来，中企动力也进行了深层地、长远地分析。由于中企动力服务过的对象众多，中企动力体会到了每一个服务对象都有他们自己的独特性，应该根据企业的发展特点为企业客户提供更符合他行业需求的深度服务。这对中企动力来说，是一个技术上的战略转折。比如在行业化转型这一步，他们自始至终都在致力于在这个非常受关注的领域中推出新的产品。我们有理由相信，中企动力是非常有实力做得到这个计划的。

第二节　互联网经营之：专业立本，差异发展

一、企业互联网经营的差异化发展

随着电子商务的发展，互联网思维被越来越多的人所追捧，互联网思维区别于以往的传统经营思维，是一种更为创新的经营理念。在传统经营中，很多企业都会把自己品牌的成功归纳为一个关键字，令追随者竞相模仿，希望能够竭尽所能的靠上去，但最终的结果往往不尽如人意。事实上，任何一个品牌乃至单品之所以能够取得成功，并不是仅仅只凭借一方面因素，而是要靠多方面因素的集合，其中包括内外力。内外力不是均衡的，总会出现短板，譬如对于苹果来讲，iTunes 就是短板。传统的经营思维在面对企业短板时，首先想到的解决办法是如何弥补短板，但是要知道，有些短板很难弥补的，有些短板根本没有必要弥补，所以，与其把大把的人力、物力、财力浪费在弥补短板上，还不如想办法增强长项。现今时代是信息化的商业时代，产品市场相对成熟，因此即使你手中的资源再丰厚，也难以避免同质化的竞争。而互联网思维就是切换思维角度，寻求差异化竞争。例如，苹果作为最普通的商品，从视觉角度感知，首先会看到大小，同样品种的苹果，通常来说是越大越好卖，大众的逻辑是越大果肉越多，果核越小，于是商家们一蜂窝的都去追逐"大"苹果了，而这个时候同质化竞争会越来越强烈。其实，不妨转换一下思维，当别人都在卖"大苹果"的时候，不妨试试卖"红苹果"，这就是差异化了，由大小诉求转化为颜色诉求，自然就开辟出另一片天地了。

二、互联网差异化发展的成功案例——58上市

王峰在互联网转型初始，目标非常清晰，想三年就上市。但头一年，他就发现这不可能实现。"目标提得过于急切了，会让你自己的团队，甚至外

界，给自己加了很多束缚。"互联网转型第一年，蓝港就拿到了 200 万美元的 A 轮融资。到 2008 年 5 月 10 日，B 轮 2000 万美元就到账了。王峰胆子大，拿到了钱就花。2007 年底，蓝港员工达到 100 多人，到 2008 年下半年，员工数已经超过了 900 人。王峰计划在三年之内研发了七八款大型游戏。当时，端游的开发流程十分复杂，一款游戏的预算至少 3000 万元起。最后，《佣兵天下》干掉了 8000 万元，《西游记》干掉了 3000 万元，还有一些项目被中间停掉了。蓝港联合创始人廖明香觉得不太对。蓝港同时在开发四五款端游，每款投入都在几千万元，近百个人做，做了三四年时间，还没有什么苗头。低下的开发效率，冗余的人员在不断吃掉公司的大量现金，而收入只依赖《西游记》和《佣兵天下》，每个月还不到 500 万元。资金链太脆弱了，一定得裁员。于是，2011 年初，廖明香建议王峰裁员。王峰一开始很犹豫，投入这么久了，要不再等一个月？一个月一个月拖下去，到了 2011 年第四季度，廖明香告诉王峰，账面上的现金只够撑半年了。王峰这才决定，从 900 多人裁到 300 多人。大胆冒进，是许多互联网转型者在拿到大额融资后，都会尝试的决策。互联网转型的前五六年，赶集网一直是一个不怎么入流的小公司。直到 2011 年年初，今日资本和红杉资本共同参与了 C 轮融资 7000 万美元，赶集网才进入了小独角兽行列。此前的杨浩涌性格沉闷，不喜欢接受采访，也不太信广告的那一套。在今日资本徐新的帮助下，赶集网终于拍摄了第一条电视广告，姚晨骑着小毛驴喊，"赶集网，啥都有"。随后，58 同城跟进，拍摄了杨幂代言的"58 同城，一家神奇的网站"。

赶集和 58 的广告大战，吸引人们开始关注分类信息行业，这个行业也从之前的非主流变成了主流。广告把市场打热了，但团队规模没跟上。2011 年赶集网 C 轮融资完成后，杨浩涌开始大规模扩张招人，不到一年，员工人数从 700 多涨到了 2500，同时还做了很多业务，包括蚂蚁短租和团购。人员的快速扩张，带来的不是规模效应，而是各种问题。公司的核心管理团队没有一个人带过如此规模的队伍，而本地的广告销售又是亏钱的。一个月广告费 2000 万元，员工工资和运营成本是 2000 万元，市场费 2000 万元，公司销售额是 2000 万元。投资人看了数据，很着急，对杨浩涌说，"你这不是空转嘛！照这个速度，一个月亏损 4000 万元，7000 万美元的融资撑不过一年。"投资人建议杨浩涌收一收。2012年春，赶集网开始收缩，把所有的广告撤了，裁掉了1600人，只剩下900人，广州办事处也撤掉了。那段时间，每隔三两个月就有新闻曝出来，赶集网的某个VP又离职了。"我其实挺自责的，不论什么原因都是创始人的原因，那时候真觉得自己什么都不是。"杨浩涌说。"（杨）浩涌做对的事情就是，砸了广告，销售没跟上之后，他听了我们的话立刻把广告给停了，至少他活下来了。"蓝驰创投合伙人陈维广说。陈维广认为，在广告的问题上，互联网转型公司应该砸一点，砸了它，流量就能上来，但流量上来以后，应该马上去融资。因为广告一停的话，流量一下，你的融资就会受影响。"这是一个毒药"。蓝驰创投的另一位连续互联网转型者徐易容在美丽说上的市场推广就做得过于激进，没有被投资人拉回来。最终，美丽说与蘑菇街合并，徐易容也不再参与美丽说的管理。"你想想你身边的一两千兄弟，因为你不会管理或者激进，或者各种原因，来的时候给他们一个大的梦想，而现实跟梦想是完全背道而驰的。你看着他们很努力，你跟他说对不起我们要把这个项目砍掉了，我们已经不需要你了，这是挺大的煎熬。"杨浩涌说。当时账上已经快没钱了，连续三个月销售额下降，他跑遍全国去融资，没有一家愿意投钱，只能不停收缩。能怎么办呢？既然挣不来钱就控制成本、砍人、砍预算，开会的主要事情就是看看电话费打了多少，快递费打了多少，能不能再便宜一点，复印费能不能再省一点。每个月的人工加运营成本从2000万元降到1500万元，最后到800万元。降到800万元的时候，杨浩涌算了算，只能扛一年。"钱不是最大的困难，钱总是有办法解决的。该裁员的时候，就要忍痛，下定决心去裁员。裁员并不代表就会失败，只要活下去，就有机会再长起来。"杨浩涌说。最大的困难，是对自己的煎熬，总觉得未来一个月两个月都是完全未知的。差不多快等到两年的时候，冯鑫心里就发毛了。有一次冯鑫跟孙陶然聊起来，孙陶然就对他说："你就一条道跑到黑，你管他呢，别跑来跑去的。"冯鑫想想，觉得孙陶然说得挺好，坚持了下来。2015年3月，暴风终于上市，随后股价飙升。"自己感觉就是好日子来了。很多想法没动呢，现在条件具备了，就全部规划了一下。"有时候，杨浩涌觉得自己的运气也不坏。2012年底，在公司就要撑不下去的时候，通过第三方介绍，他去香港见了OTTP（安大略教师退休金基金）的投资人。OTTP

的投资人听完杨浩涌的互联网转型故事后，对他说："我们每年 12 月份全球只投一个高科技公司，不过今年还没有投出去。"杨浩涌一听，觉得有戏。2013 年 4 月，差不多 4000 万美元到账，来自 OTTP 和麦格理。第一个季度结束，赶集的数字还没有起色。杨浩涌去见 OTTP 的投资人，有些不好意思，好像自己忽悠了对方。对方还安慰他说："不用担心，你做得再好再坏对我影响不大。"言外之意，投给赶集网的钱对于 OTTP 来说，只是小钱。拿到救命钱后，杨浩涌带着团队去长城脚下的公社开了一个会。杨浩涌他们就按照从书上看来的 SWOT（竞争优势、竞争劣势、机会和威胁）分析方法，一边是赶集，一边是 58，开始打分。分析完了发现，58 全是优点，赶集全是缺点。当时，58 的销售业绩差不多是赶集的 3 倍。姚晨小毛驴的广告早就撤掉了，而杨幂代言的广告一直没有停止过。"幸亏选择了上市，选择上市以后姚劲波的心思全部在上市上（顾不上赶集）。"杨浩涌说。媒体喜欢问互联网转型者什么时候转型，而企业如果没有准备好的话，是没有办法对外公布转型时间的，因为互联网转型的代价是巨大的。58 选择上市的最终结果是，给了赶集网喘息的机会。而赶集网也抓住了这一机会，并伴随着之后的 O2O 浪潮快速成长。2014 年 8 月，赶集网又拿到了老虎基金领投的 E 轮 2 亿美元融资。而过早上市的 58 同城被拖入到了新一轮的大战里。最终，这场纠缠十年的战争在 2015 年 4 月 15 日结束，双方宣布合并。双方各自付出了牺牲：一半的股份。"这是代价，双方都不想合并，都恨不得把对手拍死，但看看后面合并的几家我也就平衡了。"杨浩涌反思说。早拿到钱是甩开竞争对手的重要因素，但在拿到钱的同时，互联网转型需要节奏紧凑而有力，把中层团队做好。

第四章　机遇与挑战，互联网爆发

第一节　企业互联网化发展概述

"互联网＋"是近年来国家主要推广的战略之一，指的是大力推广"互联网＋中小型企业"的发展。随着互联网时代的到来，以互联网为背景的企业转型升级是必然的发展方向，国家正是看到了互联网背景下中小型企业的未来发展方向，才推出了"互联网＋"发展计划。"互联网＋"计划是为了提升中小型企业的综合实力，为他们拓展更为广阔的发展空间而提出的，国家希望借助互联网来为中小型企业提供更多的发展机会。现在的大部分中小型企业都属于新兴企业，刚成立没多久，其就像刚刚步入工作的年轻人一样，工作经验少，但优点是他们的团队非常年轻且有活力，在互联网转型大军中，属于不会轻言放弃的那种类型；因此，只要他们能够严格把握市场发展方向，并且努力开发属于自己的核心技术，坚持不懈地努力提升自己，那么现在看似年轻的企业很有可能会发展成为未来的资深名企。随着"互联网＋"时代的到来，中小型企业应该利用互联网思维去强化企业的互联网化，也应该以一种开放的心态去接受并且将互联网融合到企业的未来发展中去，并且抓住互联网的优势去推进企业和互联网的融合，只有这样才能使企业真正意义上的实现长远发展。"互联网＋"的实质其实就是促进企业的互联网转型，利用互联网相关技术实现企业的转型升级，实现对传统企业的改造，使传统企业升级为适应新的市场关系、市场发展趋势、新时代的新兴企业。到目前为止，"互联网＋中小型企业"的计划正处于起步阶段，传统企业的互联网转型并没有完全实现，因此，传统企业要想将互联网完美融合到企业以及市场当中去，必须主动出击，主动地对企业的经营管理方式以及企业运营思维模式进行改革升级，进一步研究企业和互联网之间如何进行深度融合。

一、"企业互联网化"的主要内容

"企业互联网化"的主要内容包括生产制造与服务模式的互联网化、营销模式的互联网化、管理模式的互联网化和商业模式的互联网化。

首先是生产制造与服务模式的互联网化。在"互联网＋"时代，企业的产品在创新的时候，注重的是用户体验效果，这是一种用户能够积极参与并且可以提出对创新有帮助的建议的一种迭代式的创新，用户和企业之间能够建立很好的合作关系，是一种开放式的、合作式的创新，这样可以加快企业的产品更新速度，更快速的实现产品互联网化。对于传统企业来说，"互联网＋"的出现是具有重要意义的，因为"互联网＋"带来了可以创造更大收益的、提升发展空间的机会。"互联网＋"并不是针对个别企业实施的，而是要每个企业都要参与进来，主动地认识到其重要性，主动地培养互联网思维，主动地进行互联网和企业的融合，将互联网相关的新兴技术与企业进行完美融合，并且在此基础上进行改进和创新。

其次是营销模式的互联网化。近年来电子商务营销模式越来越火爆，各种各样的线上营销模式层出不穷，而且基于电子商务的线上营销模式对于企业的级别、大小、规模以及类别没有限制，对于企业的要求比较低，所以许多互联网转型者都看中了它的这一优点，争先恐后地建立电子商务的营销模式。这样一来，就出现了许多商务模式，整个商业市场变得更为复杂化了。"互联网＋"计划下的营销指的是一种精准营销，它是基于大数据的社交平台以及移动终端的营销方式，它运用了当前流行的互联网技术分析市场发展以及发现市场需求，这样能够降低与客户进行沟通以及调研、分析市场需求所浪费的成本，不失为一件好事。

三是互联网的管理模式。"互联网＋"实现了企业的组织创新。在产业组织层面上，扁平化与合作化将取代集中化、层次化的组织结构，缩小了规模经济的重要性，增强了大企业和中小企业的重要性。中小企业网络管理的核心是，用互联网的精神来改造中小企业的管理和中小企业的上下游业务价值链，把数据库作为 DRI 来驱动；重视力量，重视数据资产的规范化管理。中小企业网络管理利用信息平台解决了中小企业仓库、连锁店、销售人员的管理问题，使整个管理工作提升到了一个新的水平。同时，新的数据反馈管理模型已经开始。

四是互联网的商业模式。中小企业以互联网模式开拓新业务，平台经济、平台战略和平台模式将成为未来的主流模式。在互联网思维下，"互联网＋企业"的商业模式已经变得常态化。中小企业没有实力构建属于自己的平台，加入已建好的平台也是不错的选择，从而形成以用户为中心、大数据为灵魂的平台经济互联网商务模式。互联网的商业模式可以帮助企业了解用户的真实需求、实际用户和潜在用户以及这些用户的特点和利益，然后转变企业盈利模式，从原有的一对一模式转变成平台模式。

二、企业互联网化的独特作用

"企业互联网化"的独特作用主要体现在四个方面：一是根据互联网和大

数据，可以非常有效地改变生产的模式和流程，实现技术互联网化的重构与升级，提高生产效率，使中小企业生产的能力和内部的分工结构更趋完善。"互联网＋"借助互联网在各行各业内部及产业之间的运用，通过云计算、大数据、互联网等支持技术的应用，实现产业间的反馈、互动和协调，进而实现中小企业的整合与创新。二是互联网金融延展了中小企业的融资渠道，更适应新兴企业和互联网转型者的需要，是破解中小企业融资难的十分有效的途径。"互联网＋"金融依赖于大数据、云计算、移动通信、电子商务平台和各种搜索引擎等技术，广泛应用于各种金融服务中，如第三方支付、在线金融产品和金融服务等。与传统的金融项目相比，它的创新优势将更加明显：金融机构可以在技术手段的基础上进行创新，在移动通信技术的支持下对客户进行个性化的金融服务；由于"普惠、共赢"的互联网精神影响，服务理念发生了变化，经营性和低成本的创新型金融产品不断涌现。三是依托互联网透明、垂直、低成本的特点，有效解决中小企业生产过程中的上下游集中度低、交易环节多、交易成本高的问题。互联网作为一种信息基础设施，具有全球化、开放性、分布性、交互性和海量信息的特点。由于互联网的平等性、开放性、协作性和共享性，使得信息或数据的潜力突飞猛进，成为巨大的生产力。"企业互联网化"战略进一步地拓展了互联网应用领域，促进了传统产业转型升级。四是基于适合企业的电子商务运行模式，它可以帮助中小企业开拓市场。利用电子商务的规章制度，在完善企业产品在线物流的基础上，可以实现线上线下的连通，促进互联网与实体经济的融合，从而使企业具有新的、可持续的竞争能力状态。中小企业之所以能够实现错位经营的发展，以独特的方式赢得竞争，是因为交易成本低、交易流程简单、超越时空的新型管理模式。

三、企业互联网化面临的挑战

"互联网＋中小企业"的发展面临着诸多挑战，这是由于互联网发展的不确定性、对互联网生态圈的认识以及中小企业转型升级所面临的难题所带来的。成功案例中有许多偶然性。许多中小企业面临着一个两难境地：没有变革或死亡，转型怕转死。市场经济和互联网时代的"互联网＋"创新，具有同样的高度不可预测性和不确定性。不确定性对中小企业来说既是恐惧，也意味着可以冒险，如果冒险成功，那就是创新。对于中小企业而言，快速迭代以适应互联网不断变化的需求，是应对互联网高不确定性，促进企业有效创新的一种途径。

互联网生态圈的误区使得中小企业面临着"互联网＋"失败的挑战。企业互联网化的发展存在诸多误区，中小企业难以接受互联网。如果不能很好地规避，可能导致转型失败。有的企业投入了不少精力，最终却一无所获。如何利用网络工具或者平台建设互联网生态圈呢？企业互联网化发展的重点是：依据企业自身情况进行合理的规划，让企业转型的风险降到最低。中小企业发展"互联网＋"要建立互联网生态圈，要改善企业的网络生态，以互联网的基本要素加强品牌宣传、加强与消费者的互动交流，然后利用大数据分析所获取的信息为企业发展战略的制定提供参考。企业自身的生产活动与互联网的结合，强调了"互联网＋"在中小企业中的发展，或者利用互联网来提高企业生产活动的效率，实现创新发展。把互联网创新当作"狗皮膏药"的人，绝不能走长路。相反，只有在"互联网＋"危机的状态下，绝地反击的业务才能成功转化，焕发出勃勃生机。

中小企业在转型升级过程中面临的困境，对"企业互联网化"发展形成制约。新经济发展背景下的劳动密集型企业面临着劳动力成本优势的丧失、核心竞争力的缺失以及适应网络多元价值创造的相关人才的短缺，还有适应市场营销、互联网的投资需求与资信程度不高等多种问题。对中小企业来说"互联网＋"不是随便加，不是仅仅将互联网与传统产业粘在一起，也并非一朝一夕就能完成的，它需要优化战略结构，根据自身的状况、市场和定位，寻求与互联网公司的合作，以求创新。"互联网＋"不局限于创造多少东西，而是以用户为中心，借助于互联网大数据分析，对单一消费者的个性化与多样化需求进行用户定位，满足市场需求，弥补市场缺口，降低生产成本，实现个性化的生产销售。传统企业面临着采购成本高、库存难、用户黏性低的瓶颈，今后应该以用户为核心设计并生产产品，清理低效率、不合理结构，从而用互联网思维提升企业，挖掘行业的市场潜力。

四、"互联网＋"的主要突破

"互联网＋"的核心是重构供求结构以产生新的经济活力，这与原始市场是分不开的。互联网正在深深地影响着传统产业。中小企业从事传统产业面对"互联网＋"发展的机遇不能急躁，要在复杂多变的市场环境下找准突破口，尽快适应新形势。应做到以下几点：

1. 以开放心态去发展平台，在商业模式中寻求突破。在互联网的背景下，平台经济作为一种重要的产业形态，显示出其强大的资源整合和增值能力，在引领新兴经济增长、促进产业持续创新、变革等方面发挥着重要作用。虽然平台本身并不生产产品，但由于其独特的媒体功能、产业组织功能、信息服务功能和利益协调功能，可为实体经济的发展带来了更为广阔的空间。互联网主要的商业特点是免费，虽然免费不可能永远持续下去，但是收费会把用户推向竞争者，因此，要实现羊毛出在狗身上猪来买单，就要努力设计出一种新商业模式来打破现有的格局，以谋求发展。"互联网＋"带来了一个资源整合的时代，"互联网＋"时代下的产业和企业的边界正在逐渐消失，同时互联网思维又颠覆着一个又一个行业。为了适应时代的发展，中小企业应敞开胸怀、搭建平台、整合资源，寻求新的突破。构建开放互动的统一平台和共同发展的生态圈，能够帮助更多企业完成互联网的转型，通过共享平台，使企业从单一的斗争走向新的发展路径，实现企业转型。从技术转向平台互联网服务业的发展带来了许多商业模式，根据这些商业模式，在原本的基础上，构建中小企业公共服务平台。一方面，平台定期邀请行业专家授课，并与其他企业进行企业交流。同时引进涵盖了融资担保、管理咨询、技术创新等各方面的服务机构，另一方面，企业通过在平台免费注册而提高工作效率，即当企业有需求时，在平台直接对接服务机构，避免东奔西走找服务等耗时耗力的行为。

2. 注重互联网思维的微创新，搭建协同技术服务平台。中小企业与大型企业相比，面临着资金短缺、技术和实力上的劣势，只有通过提高未来的竞争力，才能不被市场淘汰。互联网的微观创新作为中小企业的重要竞争力，在未来发挥着重要的作用。微创新依靠互联网思维，一切都是从用户的需求出发，关注和了解客户的各方面需求；深入了解客户，与其建立长久稳定的关系，用较低的成本满足客户需求，从而撬动大市场，同时它可以有效地避免知识产权保护问题。对于中小企业来说，微创新营销模式是一种新的营销模式，这是因为新的微创新企业的未来竞争最激烈。互联网公司，一个虚拟销售服务，可以通过事件营销、软件推广等方式在互联网上看到你的产品、服务和关键词；对于有实际产品的公司，可以用产品作为卖点，将产品通过互联网推向顾客获得市场占比。

中小企业一般不具备实现核心技术突破性创新和突破性变革的能力。在突破创新的初期，有许多不令人满意的地方。在促进商业化的过程中，基于用户的个性化和多样化的需求，特别是在不同标准之间的争议阶段，有许多新的调整、补充和完善。中小企业创新的现实主要是基于主导性设计、渐进式创新和改进型创新。中小企业应着眼于行业的发展方向，防止由于行业领先设计的竞争失败而导致的早期微观投资失败。中小企业应重视模仿。在提高微创新门槛的基础上，通过多个微观创新联想组合，将微创新的隐性知识嵌入团队中，整体提升团队的新能力，从而使中小企业具备创新能力。核心竞争力在未来。

3. 充分发挥新三板作用，为中小企业发展融资难寻找出路。新三板具有低门槛、低制度、无财务指标的特点。因此，在"互联网＋"时代，它已经被用来为中小企业融资，以市场杠杆解决发展融资问题的有效途径。创新型中小企业往往受到业绩指标要求的限制而融资困难，新三板在这方面只有规范要求，大大降低了融资的门槛，为创新型中小企业的发展提供了新的平台和方向。新三板正在逐步升级，未来市场发展前景优越，IVAL的优胜劣汰得到逐步的地推广和发展。2013年8月，国务院为了解决中小企业抗风险能力差和可抵押资产实物化的问题、始终缺乏利用财务杠杆来搭建大而强的平台的问题，发布了《关于扶持小微企业发展的实施意见》，明确建立健全了全国中小企业股份转让制度（新三板）。目前，新三板的交易模式主要有协议转让和市场化两种，而与主板互联网过渡板市场类似的竞价模式尚未正式引入。新三板挂牌已将公司改制为符合资本市场基本要求的公司，实现了公司股权的规范化，提高了公司融资能力和整体收购对价，提升了公司知名度和投资的能见度。

目前，新三板存在的主要问题有：一是流动性差。新三板合格的自然人投资者门槛非常高（相关规定 500 万元），限制了相当数量的自然投资者进入市场，使市场交易量继续萎缩，活动不尽如人意。二是融资效率开始下降。新的三板市场融资必须在企业设立前通过监管审查程序进行审查，在所有持有企业股票的投资者的核查中往往是费时的，这大大降低了企业的效率。三是一些新兴的三板公司在互联网转型阶段脱离了主业，将大量资金投入到高风险市场，如两级市场、新三板、私募股权和高利贷等，这最终将严重损害企业。SE 本身和整个市场都是重要的监管对象。因此，降低自然人的准入门槛、提高市场融资效率、完善融资体系，是新三板建设中亟待解决的问题。

五、促进"互联网＋"小企业的具体建议

近年来"互联网＋"中小企业战略的落实初露光芒。一些成功的转型模块和专门的服务公司帮助企业走向互联网的例子已经出现。如一家制造有限公司，从前主打的产品只是单个构建，但是现在已经将产品范围扩展到家装领域。"互联网＋"的思想渗透到售后服务的各个方面。通过互联网，客户可以参与从产品设计到安装的实时跟踪，并实现在线和离线的一对一服务。这种新的商业模式不仅满足了顾客的个性化需求，而且增加了产品的附加值，让企业的转型升级不再是梦想。想要进一步推动企业互联网化的发展，需要中小企业怀抱开放的心态、结合互联网思维，通过努力探索中小企业实施"互联网＋"战略，构建中小企业公共网络服务平台，创新互联网金融运营模式。

促进互联网与区域优势、业务优势和专业优势的持续融合。为此，一是要努力探讨"互联网＋"对传统中小企业的理念、文化、组织、结构、产品、创新、管理和营销等众多方面产生的巨大影响以及重新构建的重要作用，提升中小企业互联网思维和创新能力，促进中小企业抓住机遇，积极实施"互联网＋"战略，以实现传统企业组织结构的再造管理演进和产业升级。

二是加强中小企业的全面创新。互联网平台很大程度上降低了创新互联网转型门槛，极大促进了个性化市场和草根互联网转型者活力的发展，这使小企业、互联网转型者、消费者成为最大赢家。但是相关部门需加强对中小企业的扶持，加强对大数据资源、政府数据资源的利用，在智慧型城市信息能力的整合等方面也要注重推动中小企业转型升级，充分利用互联网思维和大数据的优势，将其融入生产、采购、仓储、营销全过程，融入企业的管理和文化，从而实现可持续发展。

三是积极探索互联网小镇落建设的有效方式。事实上，"互联网小镇"不是一个概念，但经过大量的研究以及专家论证，它也得到了政府认可、行业支持，因此成了各方积极参与的重要互联网文化产业项目。未来三年，全国将建成数千个互联网城镇。目前也有近200家互联网小镇正在加入试点。我们要充分利用这一契机打造有特色的互联网小镇。

四是探索为中小企业服务的"企业互联网化"全网营销的合作系统。在这个系统中，主要有四个方面：策划系统，主要是保障企业营销方向；推广系统，主要是各种各样的网络营销手段，为企业提供不断的客户保障；品牌系统，致力于塑造行业网络品牌形象，为企业提供信任度保障；最后是销售系统，它是网络销售管理系统，提供销售业绩保障。

以构建"互联网＋"公共服务平台网络为重点，让大数据产业情报为中小企业服务。目前，中小企业发展面临的主要问题是缺乏有效的对接和互联网接口。中小企业创新型，不仅离不开大型平台企业的支持，而且需要全社会的关注和行动。实现这一目标，要推进中小企业综合服务平台创新发展，在中小型企业之间建立新的网络，创造区域内的创新文化，引导中小企业加强技术创新，促进经济转型；要在完善互联网业务的各项规则的基础上，加强互联网业务平台的开发，降低合作门槛，建立健康的产业链，以促进合作共赢。

构建中小企业公共网络服务平台，实现"一站式"综合服务，是跨越行业壁垒和实现集聚效应、便捷高效服务的战略选择。根据调查数据，目前建立的区域性中小企业公共服务平台，不仅平台服务资源不均衡，而且浪费了大量社会资源，且服务效果难以实现。网上公共服务平台，通过互联网有效地沟通中小企业和现代企业服务机构的需求，形成在线公共服务平台，聚集服务力量，选择最佳合作，提高了运营效率。事实上，它是企业对实际的网群管理系统的服务组织：一方面是免费的；另一方面，可以引导服务机构为技术进步和管理创新提供切实有效的服务，包括管理咨询、知识产权和创新服务、软件和信息技术、会计税务和评估、标准化和认证、人力资源和培训、广告和营销策划、金融服务等。因为进入高优质的服务资源，可以实现线上线下的协同服务创新，进一步形成"互联网＋"优质服务资源，提供基于大数据的高集成和灵活云服务，实现高质量服务的聚集效应。

新的"互联网＋"金融运作模式，有效地解决了中小企业融资难的问题。"互联网＋"金融拓展了中小企业的融资渠道，是解决中小企业融资难的有效途径。中小企业独特的融资特征是融资能力的弱化，即融资需求的异质性，导致融资难。"互联网＋"金融平台门槛低，即使是抵押贷款不足、信贷条件差的中小企业也可以从这个平台获得资金支持。而"互联网＋"金融服务在中小企业融资方面的优势在于，在进入机制方面为中小企业提供了公平的一个网络融资平台；在运营机制上，形成了企业间合作的优势，通过信息技术和云计算形成了中小企业融资风险控制的相对优势。与传统金融相比，互联网金融的融资特征主要体现在配额、速度和成本三个方面。如网络借贷、公共融资等金融产品和服务创新，基于合理的风控，利用网络平台的优势和速度，不仅可以解决资金紧迫的问题，而且可以实现资本的整体优化。VER，降低融资门槛和成本，从而更好地满足了中小企业的投融资需求。

中国互联网金融企业的数量正在以几何级数递增的速度在发展。目前，互联网金融企业正处于巨大的发展机遇期，而且在当前的发展形势下，创新是中小互联网金融企业健康发展的重要途径。一是建立产品研发中心或研发集团，通过不断研发新的在线投资理财产品，开拓更多细分市场，吸引更多的投资者和借款人合作。二是中小互联网金融企业必须对专利、商标、技术秘密等知识产权进行保护。为了防止竞争对手抄袭侵权行为，应确保其独特的市场竞争力。三是树立品牌竞争意识，实施品牌决策。任何行业的竞争最终都会体现在品牌竞争上。互联网金融企业不仅要避免负面的市场形象，比如同行业的企业侵犯知识产权，或者不遵守合同的不良管理形象。同时，我们要努力打造一个个性鲜明的品牌，给客户留下深刻的印象，不仅要保持与原客户的长期合作，还能够吸引更多的新顾客前来合作，取得更好的发展。

第二节 "互联网＋中小企业"思维的研究

一、"互联网＋"时代，中小企业如何快速转型

（一）学者对中小企业互联网发展的探究

学术界对于"互联网＋中小企业"发展战略的研究，主要集中在互联网思维、互联网给企业发展带来的机遇和中小企业自身的发展战略这几个方面。

首先，对互联网的思考。陈雪品认为互联网思维是在互联网快速发展的背景下进行的，它是对一个行业重新审视用户、产品和营销的思考。它不只是一种方法，更是一种理念，不仅仅适用于互联网企业，还适用于其他企业。黄胜敏等指出网络思维包含三个维度，即时间、空间和精神。然后，从互联网的三大核心设备电商、大数据和终端，论证了其思维的存在基础和运行机制。蒋琦平从网络思维的社会特征出发，对生产方式特征、技术特征、制度特征、创新特征分别进行了阐述。

第二，关于互联网带给企业的一些影响。对于互联网为企业提供的机会，大家的认识都相对统一，主要区别在于关注点不同。宝凯馨等人认为，互联网为企业的品牌的宣传提供了全新的理念，企业把用户、粉丝、数据、跨界思维整合营销，通过形成品牌文化来扩大企业的营销模式、注重品牌的宣传内容和过程、提升品质服务、构建品牌企业、创新品牌传播模式，最终实现发展模式的转型。冯雪飞等人提出，互联网思维为企业的商业模式创新提供了途径，通过产生新理念，基于这种新理念，来不断地整合现有资源文化，加速其他经济成员共同参与进来，从而开拓新的市场，实现企业模式创新。沈雁指出互联网模式可以重构企业结构与机制，通过与消费者频繁地交流，达到消费流程和消费者感受的优化，实现消费数据的实时动态链接。另一方面，运用互联网短平快思维使得中小企业做到小而美。徐洁等人提出，融资困难一直是困扰中小企业发展不起来的原因，互联网思维为中小企业融资创新提供了新的可能性，互联网下的融资具有普遍性、便利性和针对性的特征。

第三，中小企业的未来发展前景。王俊峰等人指出，我国的中小型企业发展和转型是当下必须解决的问题，一方面有必要借鉴美国、欧盟、日本的

模式，另一方面针对本国国情，分别从企业基层层面和政策基本层面给出了战略制定的建议，其强调了中小企业对经济发展方式如何改变、创新提升能力、中国实体化经济健康发展的积极作用。万舒晨从发展前景的角度详细地分析了中小企业当前的现状，提出融资难一直困扰着企业的发展，并分别从政策的宣传、招工、融资、创新方面提出了个人建议。

综合以上观点，我个人认为，虽然学术界对互联网思维、互联网思维对企业前景发展的影响和中小企业的发展前景研究已经非常强大了，但是对于互联网思维下中小企业发展战略研究才刚刚起步，最大不足在于缺乏专门性和系统性的分析和研究。因此，我们应该将我们的目光放长远，将互联网思维融入中小企业发展前景研究中，充分运用互联网思维实现中小企业发展转型。

（二）中小企业转型方法论

1. 互联网改变了什么

互联网首先带来了迷茫，我们忽然发现生意都不会做了，线下销售天天在被截流、招商也非常困难、开店也很不容易开了、产品的推广和分销也越来越困难了。当然，互联网也给市场上带来了一些新奇的东西，很多人可能都尝试过去建个自己的网站、开个网店以及微信公众号等，媒体上也有很多报道，但实际效果是并没有大的改善。

其实不管用互联网还是线下销售，做企业的目的都是把自己的东西卖出去，满足顾客的需求，所以我们从头理一下，看看现在的生意应该怎么做、市场到底发生了什么样的变化。我们简单对比一下，传统的营销模式是从自己产品出发，分析市场潜在客户，然后通过各种方式去找到顾客、说服顾客、卖给顾客。所以我们的公司一般都会有市场部和销售部，市场部负责广告、促销，销售部负责渠道、管理、发货、收钱。但是，现在的好多互联网企业往往是先把一堆人圈到一起，圈到一起后再看这些人需要什么，企业再准备这些东西卖给你。大家看这两者有何不同？一个是从产品去找人，一个是把人先拉好再去找产品。为什么腾讯会成为目前市值最高的企业，因为它使用QQ和微信来圈人。人们有一个好的圈子是很容易的。喜欢玩游戏的就开放一大堆游戏给你，想充会员的就花钱买会员资格，然后就可以开各种各样的群，等等。所以，我们明显地感受到，互联网营销模式跟传统营销模式的一个非常大的区别就是怎么先把人圈好。

我们分析了互联网出现后的市场变化，总结下来有以下三条：

第一，交流方式丰富并且方便、快速、便宜。这里的核心是丰富。比如说股票的交流，年纪稍大的可能会记得，以前收市后，一大堆人站在证券营业厅的门口，站在马路上互相讨论自己的股票。那现在呢，营业厅外面没有人聊了，为什么？通过互联网，我们可以很直观地看着曲线图来实时分享沟通，这些屏幕上的曲线的变化是我们原来用语言、表情、肢体都表达不了的，但是互联网可以，它帮我们实现了数据间的深度交流，而且没有地区限制，这是互联网给我们的交流方式带来的一个巨大的变化。

第二，销售模式由从企业出发转变为以人为本，这个在刚才说过了。

第三，需求模式升级。我们看到，互联网可以解决一个很重要的"需求—解决方案"的需求。什么意思呢？假如我们生病了，我们的首选是什么？是去药店比较哪个药便宜么？不是！我们的首要选择一定是去医院。到医院后，医生给你开张纸单，然后告诉你到哪检验、到哪抽血、到哪打针、到哪取药，服务态度或许很差，收费很贵，但是大家都去。为什么？因为这只是个解决方案，它能治好你的病。但是在有了互联网以后，我们可以在更多的场景来完成这个工作，就是说我们能给顾客提供的不只是产品，而是解决方案。

2. 传统企业现在都是如何利用互联网的？

目前常见的互联网有以下四种：一是自己建立平台，例如，张近东的 Suning，第二种是加入淘宝和京东的三方平台；三是一个社交平台，如微博和微信公众号；四是过去两年的自建应用。

第一种，自建平台。几年前，很多人会说，我有钱，我自己建个平台不就可以了，张近东应该就是这么想的，反正苏宁确实财大气粗，找专业的团队开发，花上千万建立了苏宁易购。然而，为什么这些自建平台最后都走向末路呢？因为平台想要成功，有个必要条件，即大量的买家和海量的卖家同一时间到位，如果能做到这一点，你这平台肯定成功。但是，这条件超级难做到。假如我今天招了 10 万个卖家进来，把货都摆在上面，三个月不卖货，他们就撤了；那如果我通过网上的运作拉进来很多流量，这些买家一分钟看不着货就都跑了。我们该怎么办？原来有个叫拉手网的团购网站，2011年它融资了约2亿人民币，是当时在团购网中融资最大的一个，然而在一年后的2012年这个公司就快速地垮了。它的CEO叫吴波，大家就问他这两个亿花到哪去了，他说就分成了三笔钱，三个六千多万：六千多万给了百度，拉流量；六千多万是它线下各城市设立分支机构的各种管理费用；还有六千多万是价格补贴，他去谈知名的各种餐饮企业，价格谈不下来怎么办，他就自己贴钱，进价100块，他卖88块，补贴12块。为什么要贴呢？还是为了拉流量！所以你看，2/3的钱都花在拉流量上面。

第二种，我们说自建平台的充要条件是：海量的供应与海量的需求同时到位。现在自建平台已经不像当年的淘宝、京东，做得早有优势，可以慢慢累积顾客和供应商。加入第三方平台是目前大多数中小型企业的选择，相信在座的各位很多也都在淘宝、天猫、京东以及一号店等开过店。加入第三方平台有很多好处，如初期不需要投入很大的人力财力去开发平台、不用考虑平台的流量问题等。你只需要开个店，做好相关关键词搜索、直通车这些工作即可。我们分析发现这里有一个致命性问题，那就是当买家上淘宝买东西时，买家的第一个动作就是关键词搜索。我们大部分实体企业没有阿迪、耐克那么大的知名度，那么，没人搜，产品卖不出去也就不足为奇了。

第三种，利用社交平台比较多的就是微商和朋友圈，也由此火了一帮分享微商运营经验的人。我也去听了一些所谓成功微商分享的经验，大体来讲都是这样的套路：你有100个朋友，你发一条信息，这100个朋友看到后帮你转一下，他们也都有100个朋友，转一下就变成了10000个，覆盖很快，这10000个人也有100个朋友，再转一下就覆盖100万人。听上去逻辑很对，但是，扪心自问，你们朋友发来的那么多信息，你转过任何一次吗？没有！绝大多数情况下都是没有转过的。所以，1乘以100，100再乘100，这个链条显然是不成立的。

另外还有很多在大街上和商场里送小礼品、拉人扫微信的，人家拿完东西转身就删掉了，根本不会帮助你。因为他跟你完全没有关系，而且他明明知道你是要给他发广告的。朋友圈实际上是一个熟人圈，是用来交流感情的，而产品的大部分营销对象是广泛的陌生群体，一生一熟存在矛盾。因此，此方法亦注定失败。

那么，APP 能够成功吗？所谓的 APP，其实就是手机版的网站，怎么可能做到海量的需求与海量的供应同时到位呢？当然做不到！而且最致命的是很难把你的 APP 植入到顾客的生活场景里，让他们每天都用。微信是你必用的，滴滴是你经常用的，所以你不会卸载它。假如有一个智能茶杯，我喝茶的时候能通过 APP 看到这个茶杯里的水温、水液面的高度等等信息，但这些根本用不着 APP 来做，开盖喝一口就都知道了，这个东西完全植入不了生活场景，我干吗用 APP 呢。APP 实际上是传统互联网思维的一个延伸，传统的网站没有成功，APP 也很难，除非你能让他植入到大家的生活场景中去，否则也注定无法成功。

线上互联网模式的问题在于它虽然在一定程度上缩短了渠道、降低了相应成本，但却没能降低推广成本，甚至反而更高。把互联网当成新的销售渠道，企业本质没变，不能叫转型。真正转型不是变渠道，而是变思想。

二、企业互联网化是中小企业发展的必然选择

（一）互联网思维具有很强的渗透性，互联网的兴起导致了社会经济的变化，"互联网＋"的新模式不断涌现，实现了资源的优化和经济的发展。"互联网＋"带来的互联网思维催生了新的业态模式，互联网思维是一种工具，更是一种理念，它贯穿于企业发展的全过程，对企业的发展有着强大的渗透力。互联网思维作为一种意识形态，应该嵌入到中小型企业的发展战略中，而且它具有如下核心要义：

1. 用户思维。用户思维是互联网思维的核心，它贯穿于企业发展的所有环节。用户思维不同于传统的客户思维，传统的客户思维强调企业要根据客户的需求生产产品，但是缺乏动态的交互，消费者和企业之间没有很强的粘连性，这就导致企业无法形成稳固的存量客户，更无法吸引流量客户。而现今的用户思维强调企业和消费者之间的交互，利用现代化互联网技术，比如APP，和用户保持长期的联系，全面收集用户的体验反应，以此来明晰谁是自己的客户，并提供持续不断的服务，进而形成稳固的存量客户和开发流量

客户。

2. 大数据思维。大数据中数据还是传统的数据，只是存在形式发生了变化：实体数据变成了虚拟数据。互联网打破了传统的信息壁垒，使得信息能够相互连接和重构，这大大降低了收集信息的成本。由于数据量极大，企业通过对这些数据的分析，细化消费者群体，辨别消费者的消费习惯，实现点对点的营销，大大缩短了营销环节，实现了精准营销，建立了自己的竞争优势。同时大数据也为企业自身的改进提供了渠道，企业可通过分析各个环节的数据，及时得出反馈信息，不断完善自己。

3. 扁平化思维。扁平化是一种企业管理模式，在企业扩张时，有效的方法不是增加企业的管理层次，而是在现有的层面下增加管理强度。扁平化思维更多的是针对企业的组织结构，通过整合企业的组织结构，剥离低附加值的服务部门，使高效率的部门成为一个有机整体，以节约成本和提高运行效率、达到成本和效率最优化。

4. 平台思维。平台思维背后的逻辑是进入和退出的自由，即同时分享和贡献，以达到互连互通的效果，并形成双边市场效应。一方面，由于边际成本为零，平台可以无限膨胀。企业的优点就在于此，复制成本为零也就导致了虚拟平台的无限扩大。另一方面，随着用户的不断增多，平台的效用也会不断增加，并且会以平方级的速度增长，最终大幅度地提高每个人的效用。平台思维创新原有的价值分配体系，为企业形成在行业内的主导权提供了可能。

5. 越界思维。越界思维需要我们从多个角度来看待问题，并提出最好的解决方案。随着互联网的发展，各行各业的界限越来越模糊。对企业也产生了巨大的冲击，固守本行业无法适应时代的发展潮流。跨界可以实现长尾效应，通过产品的创新、行业的跨界不断扩大营销渠道。跨界思维的核心是观念的转变，突破传统思维的藩篱，以实现发展方式转型。

6. 迭代思维。迭代思维起源于数学领域。通过把初始值带入到公式，得出新的数值，再把新的数值带入到公式中去，通过不断的反复，得出最终的结果，这种思想在互联网高速发展的今天被称为迭代思维。迭代思维的核心是产品创新的及时性。一方面，迭代思维强调升华，在不断地创新中实现产品的升级，以更好地对接市场的需求；另一方面，迭代意味着速度，在最短的时间内实现产品的创新，这不但可以节约成本，而且可以加速企业形成核心竞争力。

（二）当前中小企业发展面临的问题分析。中小企业发展面临诸多问题，通过对问题更详细的分析，可以更好地将互联网思维融入中小企业的发展战略中。

1. 融资困难。融资仍是中小企业面临的最大问题。中小企业的低资本一直存在。银行面对中小企业的服务一直处于真空状态，多年来贷款都是朝向国企和大型企业，其他金融机构，比如小贷公司和网贷，由于缺乏对中小企业风险的考量，一般都是在基准利率基础上加上很高的风险溢价，这导致中小企业融资成本过高。信贷投放的不均衡则直接导致中小企业面临融资成本高的问题。在过去一年中，随着商业银行贷款利率的取消，中小企业融资难现象有望得到改善，但具体效果有待检验。

2. 经营成本过高。高成本一直制约着中小企业的发展。随着原材料价格的快速上涨、产品成本的不断上升以及财务管理成本的提高，中小企业面临着越来越高的成本压力，生产经营变得尤为困难。随着我国经济的飞速发展，以往廉价劳动力优势也在逐渐弱化，而中小企业为了保持招工的优势，往往用高工资进行招工，这也在一定程度上提高了中小企业的经营成本。

3. 营销是落后的。中小企业的市场作用导致其不能处于行业领先地位。通过分析需求，无法真正改善产品和服务。它只考虑如何销售更多的产品，忽略了产品的反馈端的影响，并且无法维持与客户的长期稳定性。此外，中小企业也没有自己的营销理念，照搬其他成功企业的先进理念，盲目跟风，他们忘记了从自己的实际及企业长远发展出发考虑问题，这也是导致我国中小企业无法实现良性发展的诱因。

4. 市场开拓能力低。一方面，受国际金融危机影响，国内外需求下降，出口和内销都相应减少，面对销售渠道较窄的现状，中小企业显得愈发无能为力。另一方面，中小企业大多数没有自己的营销部门，市场开拓责任往往由老板承担。此外，中小型企业只有单一的产品，只适用于特定的客户群体。产品设计的灵活性很小，不能提高市场开发能力。

5. 创新不足。中小企业发展模式大多数是要素驱动的，即依靠资源的消耗实现自身的发展，在资源供给趋紧的背景下，这种发展模式很难持续下去。中小企业由于资金所限，拒绝增加对创新的投资。此外，中小型企业往往从事低水平加工生产、生产线生产，缺乏创新动力，创新意识不强。所以最终实现中小企业跨越式发展成为必然选择。

三、企业互联网化发展战略

（一）"互联网＋中小企业"发展目标

目前，中小企业发展面临诸多问题，发展和转型迫在眉睫。在互联网飞速发展的大背景下，各行业纷纷利用互联网抢占发展的制高点。中小企业可以搭上互联网的快车实现发展的弯道超车，充分运用互联网思维，促进自身的发展。中小企业根据自身特点，结合互联网思维，根据"企业互联网化"的发展战略制定符合其自身发展的战略，制定前瞻性发展战略，并且致力于创新发展模式的探索，这对提高中小企业的质量和发展水平有很大的帮助。实现融资渠道多元化、产品功能扩展、管理效率高、营销渠道畅通等都是提高创新能力的体现。

（二）"互联网＋中小企业"措施

在互联网飞速发展的今天，中小企业要想在互联网的浪潮中不断发展，就必须抛弃原有的粗放型发展模式，将互联网思维嵌入到企业的发展中去。随着互联网思维在企业发展过程中的应用，中小企业在融资、产品、管理、营销、创新等方面的内涵和外延将发生巨大的变化。

1. 以用户为中心进行整体布局。用户思维是制定中小企业发展对策的前提，是其他五种互联网思维的基础，也是中小企业发展转型的方向，中小企业必须围绕用户思维布局企业发展的各个方面。一直以来，中小企业对顾客的感觉较弱，"重营销不重顾客"这种思维在许多企业中的普遍存在，他们只是片面强调销售业绩，缺乏与客户的动态接触，这会导致不能及时得到客户反馈信息，最终无法真正地把握客户需求。从中可以看出，互联网的用户思维与传统的顾客思维完全不同。传统的产品设计、营销手段、管理模式等都不能适应当前中小企业的发展模式。中小企业必须把用户思维扎根到企业发展的方方面面，产品设计要充分结合消费者的需求，生产适销对路的产品。在营销方面，要充分利用互联网技术，加强网络布局，加强与大型互联网企业的合作，努力开发多种应用场景，通过线上线下结合开发营销渠道。创新是企业发展的灵魂，也是支撑企业发展的源泉。中小企业由于"船小好调头"的优点，是我国企业创新的"排头兵"，中小企业的创新是全局性的，涉及各个方面，必须把用户思维植入到企业创新的各个环节之中。

2. 全面挖掘大数据服务融资。中小企业融资和融资严重影响了中小企业的发展。中小企业融资渠道狭窄，主要依靠银行融资，但在银行的"高门槛"阻碍下，许多中小企业涌向民间借贷。民间借贷的高利率又加重了中小企业的负担，从而导致企业风险增加。民间借贷这样的恶性循环严重制约了中小企业的发展。互联网技术的迅猛发展，为中小企业融资渠道的创新提供了新的思路。大数据时代，银行将从传统的经验决策逐渐转向数据决策，依据中小企业日常经营数据进行分析，更加科学地对企业的风险暴露情况进行定量分析。在银行对中小企业授信的风控端，银行将通过数据实现风险管理，量化中小企业的违约可能性，这也有助于实现中小企业贷款定价的精确化。而中小企业通过连续地、实时地、动态监测，然后利用大数据量化风险，提高风险披露的机会。大数据的使用也为中小企业提供了更多的融资以及更多的渠道，这得益于大数据对风险的量化管理。近几年，网络贷款公司迅速发展，不同于银行对大型客户服务的关注，网络借贷公司的主要客户群体是中小企业，中小企业的风险控制能力也在逐步提高，因此，随着大数据的广泛应用，中小企业将会有更多融资渠道去选择。

3. 运用扁平化思维推进组织管理体制改革。长期以来，中小企业希望能够做大做强，控制生产环节和销售环节，实现规模经济。但是扁平化思维是相反的，这是一种"减法"，要求企业减少与最终客户利益无关的中间环节，进而简化组织结构，减掉核心能力之外环节，以达到降低经营成本的目的。同时，扁平化思维也加速了现代中小企业管理的进程。管理水平最高的是没有管理的状态，这意味着管理越少越好。最好是不管理，将大量问题交给中底层员工自主解决，这要求企业的每一个员工对在每个部门和环节都要有所了解，然后员工进行自我定位、自我激励、自我发展等，最终形成自驱动、自增长、自优化、自循环的体系，让所有成员形成一个利益共同体，并且每个成员都是自运营个体。扁平化思维的深度运用可以大大降低运营成本，不断精简组织结构、实现营销点指向、减少中间环节；这大大节约了成本，也深化了管理体制改革，促进了中小企业的发展。

4. 建立新的业务平台。平台背后的逻辑是"链接效应"。对于中小企业来说，"连接点"的增加意味着市场营销的扩展和现代移动社交工具之间的快速互动。该平台可以实现资源快速配置的功能，使企业成为其他企业和个人自由分享的开放平台。中小企业在平台思维中的应用体现在三个方面：产品是平台，传统思维是"产品只是产品"。而在互联网高速发展背景下，要实现"产品只是产品"向"产品不是产品"的转变，在保留原有功能的基础上，产品开启了原有功能的升级，适应了更多的功能，拓展了核心功能。同时，产品功能应及时反映客户的需求，并根据客户需求的变化动态调整。员工的平台，要充分挖掘员工的创新能力，通过激活员工来为中小企业带来效益，让员工做自己喜欢的工作，以为发明了大量的新产品提供条件。用户的平台，根据客户的消费信息和消费偏好，充分挖掘客户的需求。如小米手机依靠搭建的虚拟平台，通过及时互动来了解客户的需求，然后为客户提供最佳的智能手机系统。

5. 推进综合管理，实现跨境发展。随着互联网的快速发展，产业间的界限逐渐模糊，这为跨界合作奠定了基础。中小企业通过跨界思维实现跨境发展，可不断推进综合化经营。经营的无边界包括在产品、时间、空间、运作上无边界；产品的无边界指拓展产品原有的功能界限，不断地根据客户的需求完善产品的功能，实现"产品不是产品"的概念，实现单一功能向多功能方向的转变；无边界时间是指产品的设计、生产、销售等环节不受时间限制；无边界的空间指的是在产品的设计、生产和销售环节空间的拓展；无限经营是指现有的中小企业领域的突破，向其他领域延伸，实现长尾效应，中小企业的灵活性可以充分挖掘这些长尾客户，而这部分客户的黏性很强，可为中小企业的跨界发展提供可能。

6. 加快创新驱动形成核心竞争力。创新是中小企业的灵魂，是中小企业长久发展的关键，迭代思维的核心就是通过反复的创新不断满足客户的需求。

迭代思维体现在产品、营销、管理的三个方面中，中小企业的竞争力较低、市场占有率较低、技术含量较低、对客户的吸收能力有限，所以对产品的创新要适应客户的需求，并且根据客户的反馈不断调整。中小企业由于资金缺乏，营销手段单一，多数以线下宣传为主；但随着互联网技术的快速发展，必须创新营销方式，实现传统营销模式的转型，更多的在线上布局，以线上结合线下为基础，多渠道进行营销拓展。中小企业管理水平低一直困扰着自身的发展，迭代思维要求企业通过创新管理体制提升管理水平，具体体现在高素质员工的招纳、管理制度的改进、各部门之间的协调上，通过产品、营销、管理创新形成中小企业的核心竞争力，为中小企业的长远发展提供持续的动力源泉。

第五章　从模仿到创新，企业的不断进化

我国国民经济是以所有企业为基础的，随着就业压力的不断加大，中国必须深化国有企业的改革，调整产业结构、促进第三产业发展，这样才能使经济得到增长。在以后的一定时期里，我国将一直处于中小企业的发展时期。中小企业的创新活动与中小企业的生存和发展有着很大的关系，因此，加强对中小企业创新模式的研究，并且探索我国中小企业创新的有效途径，不仅可以为中小企业的创新指明方向，也可以提高他们的创新效率。

创新为企业的持续发展提供动力源泉。我们可以把创新分为第一创新和模仿创新。第一创新是完全自主创新。第一创新是指企业是第一位演员，创新活动是第一位的。模仿创新是指企业通过学习第一创新者的思想和创新行为，吸收成功的经验和教训，引进或破译领导者的核心技术和技术秘密，并将其改进为主要动力，如中后期的质量控制、工艺设计、市场营销、成本控制等。这种创新可以在没有自主创新或少量自主创新行为的情况下进行。模仿创新可分为管理模仿创新、技术模仿创新和制度模仿创新。从本质上说，模仿创新在某种程度上是一种进步的、发展的、创新的创新，而不是简单的模仿。

模仿创新如果没有直接的改进，仅仅是简单地复制，不但会涉及知识产

权问题，还存在以下两个缺点：（1）经常导致供过于求、生产过剩；由于产品同质性大、差异性小，使得企业之间产生价格战，造成利润较低。（2）很可能不满足企业转型需求，因此不能有效地与企业的管理和技术基础相结合。

众所周知，美国的科学技术是发达的，大企业在创新方面投入了大量的资金，研究成果非凡。然而，这些美国大企业在国际竞争中也有过的许多失败，原因在于他们忽视了第一次创新后的再投资。比如：美国人发明了留声机和录音机，但现在流行的随身听被日本人模仿和改进，因此日本取得了巨大的经济效益。由此可见，模仿创新可以使企业尽快获得竞争优势。

第一节　从模仿到创新，企业的不断进化

一、中小企业创新现状分析

中国的中小企业的队伍越来越庞大，相对地，其中也存在着很多问题，比如管理落后、人员相对落后、能力不足、资金匮乏、创新性不够等，具体如下：

（一）缺乏资金

资金不足是中小企业技术创新的最大障碍，其原因既包括了政府的支持力度不够，也包括市场融资的困难。对于中小企业来说，政府采取的间接支持措施不足，也缺乏直接的财政支持。在对广州中小企业的调查中发现，在被调查的许多民营企业中，影响民营企业技术创新问题比例最高的是资本问题，目前已经超过82％。中小企业信息化程度低、生存率低、信用度差，而且中小企业贷款的管理成本相对较高，很难得到政府资金的支持；因此，中小企业主要依靠内部有限的融资取得发展。可以说大多数中小企业的技术创新活动需要一个艰难的过程。

（二）员工素质差，缺少创新人才

由于文化素质和远见卓识方面的限制，企业管理者在技术创新、领导和决策中不能起到很好的作用。创新人才的缺乏是制约中小企业技术创新的重要因素。社会认知偏差等因素使得中小企业难以吸引创新所需的人才，导致创新成功率低、创新管理模式守旧和技术创新能力弱。二是员工素质偏低，

中国中小企业文化水平普遍偏低。乡镇中小企业中，其从业人员大多处于专业化水平以下。这不仅极大地制约了企业技术水平和生产力的提高，而且影响了民营企业的技术创新活动。第三，技术创新的中断和绩效的丧失、技术开发人才的缺乏和技术人才的缺乏。许多技术人才集中在大型企业或科研机构，很少有技术人才愿意在中小型企业工作。一旦一些优秀的人才在中小企业中崭露头角，大企业就会努力挖掘，造成中小企业的人才流失、技术实力被削弱。

（三）重大创新风险

我国中小企业的创新风险普遍高于大型企业。究其原因，一是中小企业在工资和福利方面处于相对劣势，容易导致研发人员流失，导致研发项目的失败和知识产权的流失。二是中小企业技术非常薄弱，只能进行单一技术的发展，同时进行多个替代研究是困难的，一旦技术研发失败，就意味着整个技术发展的失败。三是中小企业对技术成果的商业化能力非常有限。中小企业在技术发展方面取得了一定成绩，很难将技术成果引入市场，实现技术开发的投资回馈。

（四）缺乏信息源和技术源

在高技术领域，中国中小企业一般技术薄弱，信息匮乏。由于人才和资金的短缺，经常无法购买或保护已购买的技术专利。一般来说，中小企业不能大规模、全面地收集新的技术信息，建立自己的信息平台，很难及时抓住潜在的发展方向。这些原因导致中小企业很难利用外部环境，吸引科研院所与其合作进行长期较为稳定的产学研究，这样就削弱中小企业的技术能量。

（五）缺乏有效的创新政策支持

相较于西方国家，我国中小企业在发展过程中，经常处于缺乏有力政策支持的发展环境下，也缺乏完整的创新技术服务体系。此外，为中小企业提供技术创新咨询、培训、诊断和治疗等服务的中介机构很少，使中小企业在遇到困难时无法得到及时的帮助。当前社会风行的创新技术与中小企业的创新和融资技术不相关，从而导致中小企业无法发挥自身的潜在能力。

尽管中小企业技术创新上存在诸多问题，但他们在创新过程中也表现出许多优势，具体如下：

首先，企业内部沟通速度快，易于接受。中小型企业的简单组织模式，使得企业的技术人员和管理人员能够保持密切的联系和频繁的交流，可以很快解决企业在创新过程中遇到的各种麻烦。

然后，企业机动灵活性强。中小企业能够因地制宜地及时调整企业的经营方向，抓住技术发展的最佳时机，在与大企业的激烈竞争中生存，根据实际情况去发展技术和市场领域。由于我国中小企业的规模小、与用户的联系紧密，因此其可以捕捉到开发市场急需的实用技术和产品、能够快速有效地应对市场和技术的变化。

二、中小企业创新模式比较分析

通过对中小企业的创新现状进行比较分析，发现模仿创新是中国中小企业创新的理性现实选择。

（一）创新模式的技术风险分析

创新模式的开展如果成功，必然会给企业带来巨大的利润，但同时也会带来高风险。创新领先的技术风险主要是由创新活动的不确定性引起的。一个技术成功的不确定性主要是指是否能根据预期的目标实现创新，它不是在发展过程中决定的；另一个是技术前景的不确定性，新技术在诞生之初往往是不完整的，创新者是否能够做到在当前的技术背景下分析出未来的技术发展前景，这一问题是不确定的。三是产品生产的不确定性，产品的开发与产品的大规模生产之间有许多联系，产品的生产能力会受到工艺能力、物料供应、备件匹配和设备供应能力的影响，从而产生生产的不确定性。四是技术寿命的不确定性，随着领先创新产品的快速变化和生命周期的缩短，本来是"新技术"的技术快速地被更新的新技术所取代，这会使产品的更新变得频繁，因此导致技术寿命缩短，引发技术寿命的不确定性。

（二）创新模式的管理风险分析

创新过程中管理不善所导致的创新失败的风险就是管理风险。管理风险主要包括管理者素质、组织结构、企业文化、管理过程。首先是管理者素质的风险，一个企业的管理者如果素质不过关，可能会导致企业在创新过程中做出错误的发展决策，影响企业的创新，所以说如果企业的管理出现问题，将会给企业与管理者造成无法挽回的损失。其次是组织结构的风险，企业组织结构不合理，结构体系不够完善，都会导致企业的组织结构风险。然后是企业文化的风险，一个企业的文化会在很大程度影响着企业的创新发展道路，因此，不同的企业文化会影响着企业的发展方向。还有就是管理过程的风险，在管理过程中，必须要做到透彻分析，深入探讨后才能做出相应的管理决策；企业如果没有做好这一方面的话，就会严重损失企业的成本，造成管理风险。最后是决策的风险，是指由于第一次决策创新带来的风险，决策失误会给企业造成不可预知的损失。

（三）创新模式的市场风险分析

这种风险主要表现在：一是难以确定竞争力。第一产品往往面临激烈的市场竞争，产品的高成本会影响其竞争力，难以预先确定追随者的实力水平。第一产品可以在竞争中占据市场，弥补很大份额不足的情况。二是难以确定市场的接受程度。率先创新产品是一种全新的产品，企业很难对这种产品在市场中的容量做出精确的估计。三是很难确定市场接受的时间。因为诱导需求所需的时间不同于第一产品的公布时间，其成效又是高度不确定的，容易出现"沉默期"，它是指在第一产品上市时经常发生或长于或短于市场等情况的阶段，"沉默期"可能使第一创新的企业陷入困境，甚至因无法收回投资而失败。模仿创新型企业进入创新型市场，成功开拓，具有投资低、风险低的优势。我们可以充分享受第一步，避免新市场早期增长的不确定性，打开新的市场投入的许多溢出效应。

（四）模仿创新的优势

创新技术和产品开发的长期规划具有一定的被动性。它通常根据市场的新形势改变其技术发展目标。同时，其优点也很明显：首先，它能有效避免在创新中领先的高风险。其次，模仿创新充分利用了技术溢出效应的优势，包括免费获取大量技术和成功经验，大大节约了模仿创新者的投资。第三，模仿创新研发投资具有较高的导向性、集中性和针对性。它可以集中人力物力，突破第一关键技术、核心技术和第一创新技术本身的发展，从而大大提高研发效率，节约投资。第四，模仿创新技术的发展总体上具有良好的商业前景，能够更好地满足消费者的需求。产品的第一次创新可以给用户留下深刻的印象，尤其是在新市场成功开拓的第一次创新时期，占领市场，享受市场垄断带来的巨大垄断利润。然而，模仿创新的不是市场中的被动者，而是具有自身的竞争优势的主动者。首先，模仿创新可以首先充分享受市场开发中第一次创新的溢出效益，并且总结其经验。第二，市场的早期发展具有由需求的不确定性引起的高风险，模仿创新能够有效地规避这种风险。第三，模仿创新进入市场的过程是市场扩张的过程，模仿创新通过提供升级的多样化、多层次价廉物美的系列产品和服务，创造和满足市场多层次的需求，基于此，可以说它是以市场为基础的。

三、中小企业在战略选择上应注重模仿创新。

大多数中小企业的特点是资金短缺，研发能力弱，这就决定了中小企业在战略选择上要服从模仿和创新。模仿创新与第一次创新相比具有以下特点。

（一）需要更少的钱

第一创新往往面临着技术和市场的不确定性，需要在研发和市场开发阶段投入大量人力、物力、财力。模仿创新大大降低了技术和市场的不确定性，进一步节约了大量的勘探开发投资。美国已经发现，模仿创新者的平均成本仅为先驱的平均成本的60%，并且一些仿制产品的成本甚至低于第一创新产品的成本的35%，通过对两种类型的样品进行大量的抽样调查发现，模仿创新相比第一创新来说，成本投入相对较少。

（二）成功率高

模仿创新的失败率远低于第一创新者的失败率。首先，它是第一个模仿的创新者。有创新者提供了经验和参考，使模仿的风险变小，成功率也相应提高。其次，在成功的第一次创新之后，往往有很多机会模仿创新，机会更有选择性，因此模仿创新的成功率相对提高。

（三）起点高

中小企业可以选择最佳的模仿创新对象。一般说来，具有高技术水平和管理水平的企业和产品可以说是站在巨人的肩膀上的，可以使中小企业获得更高的研发起点；更重要的是，模仿创新可以做出比较好的选择，因为它在流程、结构、材料、设计等方面优化创新，取其精华，去其糟粕，使中小企业获得成本和时间节约，企业也有机会抢占市场、开拓市场，更好地替代产品。

（四）更新替代产品很快

模仿创新具有周期短、见效快的特点，可以更快地收回投资。美国经济学家曼斯菲尔德的研究表明，美国企业模仿创新所需的时间是引领创新所需时间的70％。日本企业模仿创新所需的时间是创新的领先时间的72％。显然，快速反应是模仿创新的重要特征之一。

四、中小企业模仿创新的时机选择

在模仿创新的过程中，中小企业应注重准确识别和把握机会，因为时机选择的正确与否决定了创新的成败。一般来说，中小企业应注意以下三个机会进行模仿和创新活动。

（一）专利保护的时间机会

各国专利法规定了专利保护的不同时期。一般情况下，发明专利保护期限为20年，实用新型专利保护期限为10年，而一些发达国家的技术已经在一些领域领先了10多年，因此，当专利保护的局限性结束时，将有时间机会。在这一点上，最好提前推进模仿创新，以便立即在专利保护限度的末端引入模仿创新的结果。

（二）专利保护的区域机会

在世界范围内，专利权的使用受到地区的限制，国外许多技术创新只在当地申请专利，但在中国就没有。专利技术在中国不受法律保护，因此有专利保护的区域机会。中国中小企业的人才、资本和技术非常有限，因此很难率先进行创新。因此，我们应该始终关注国内外同行业的技术创新和专利申请，识别和把握区域专利保护的机会，并进行模仿创新。

（三）第一次创新和扩大创新的机会

在创新中领先的企业是最有实力的，尤其要注意先行者的先发制人。然而，先驱们引进的产品往往在技术上并不十分完善，有很大的拓展空间和改善空间。中小企业应及时发现和把握这一机遇，在不侵犯知识产权的前提下，密切关注发达国家企业管理和技术的最新发展，以寻求扩大和启动企业模仿创新项目的机会。

五、中小企业模仿创新的基础

在注重识别和把握模仿创新的机遇的同时，中小企业自身也应做好充分的准备。第一，企业要有一定的技术储备。即使在模仿创新中，企业自身也必须具备一定的技术基础。如果企业的技术水平太低，那么在选择模仿创新和模仿创新的对象时，将受到许多限制，这将影响模仿创新的过程和效果。一些技术力量差、不能在短时间内得到提升的中小企业，也可以通过外部制造"产品"技术联盟，为仿制创新准备必要的技术平台，以供学习与研究。其次，企业必须有一定的管理基础。成功的模仿和创新必须依靠先进的管理机制和管理方法作为安全锁。例如，索尼公司在发展初期就一直走创新之路。索尼公司逐渐走强后，开始实施第一个创新战略。目前，索尼公司的产品已达到2万多种，从电池到电脑和印刷纸，成为业界的技术领先者。回顾索尼的早期发展，其成功的关键是要有一套强大有效的R&D管理机制和方法，以有效地保证和促进模仿创新活动的顺利进行。第三，中小企业应具有一定的市场研究能力和推广能力，从而准确把握目标客户，并成功推出自己的模仿创新产品。最后，技术模仿创新、制度模仿创新和管理模仿创新是相辅相成的。同时，中小企业应重视技术模仿创新，并注重技术模仿创新和管理模仿创新，以及系统模仿创新的协调发展。它们是相互影响，相互促进的，落后的一面会影响其他方面的有效实施。

六、中小企业进行模仿创新可能遇到的障碍及解决思路

企业的成功通常不会一帆风顺，中小企业进行模仿创新时同样也会面临各种障碍，企业应该及时识别并予以清除。

（一）企业文化障碍

这是指缺乏鼓励企业内部创新的文化，缺乏鼓励创新的企业家精神，缺乏对模仿创新的创新者的充分支持、激励、关注和授权。在这种情况下，模仿创新很难成功。因此，选择模仿创新的企业必须建立与之相适应的企业文化，形成崇尚创新、支持创新、鼓励创新、勇于创新的浓厚企业文化氛围。

（二）金融障碍

资金匮乏是中小企业的通病，更是中小企业不能进行率先创新的重要原因之一。虽然模仿创新需要较少的资本，但它的成功仍然取决于是否需要足够的金融支持。中小企业应从以下几个方面解决资金问题。一是充分利用政府的政策。中国许多省份提出了相应的政策，例如，目前，四川、湖南等省已经制定了对中小企业贷款优惠政策，允许最大贷款额度为 1000 万。此外，《中小企业促进法》已经出台，中小企业应努力创造自己的信用，包括商业信用和银行信贷，从而达到获得银行支持的最大目的。

（三）技术障碍

中小企业实施模仿创新时，可能遇到的技术障碍主要包括吸收、消化第一创新的困难，以及如何将国外技术与企业技术相结合的困难。众所周知，中小企业留住人才是非常困难的。中小企业应根据自身的实际情况制定自己的人力资源战略、组织结构管理战略、技术创新发展方向等，从而达到能够充分利用自身的条件克服技术障碍的能力目标。

（四）信息壁垒

信息壁垒是指在世界各国信息技术发展不平衡的背景下，发达国家利用其占据的信息资源优势和信息技术的垄断地位对发展中国家在国家安全、经济贸易、科技领域、社会文化等方面的制约。对于中小企业模仿创新来说，企业创新的两大障碍主要是"信息缺失"和"市场前景不确定"，这也是信息壁垒的体现。首先，市场正在变化，它可能是模仿项目的创新，在面对被淘汰的命运面前完成，导致模仿创新的风险急剧上升。此时，企业家需要敏锐的洞察力，坚决制止正在进行的模仿和创新活动。第二，技术在不断变化。企业可以通过高效的信息系统快速感知管理和技术的最新变化，运用最新的技术和管理模式，促进自我模仿和创新活动。

中篇　企业战略，思维突破格局

第一章　解读互联网运营管理秘诀

第一节　中小企业信息化管理

随着社会的不断发展，通信、计算机和信息处理技术的电子信息技术的不断发展，信息已成为决定企业进步、竞争和生存的重要环节。信息作为当今最具活力的生产力，对企业的发展有着巨大而深远的影响。企业信息化指的是生产、经营和管理的各个层次和各个方面的信息化，目的是利用先进的通信、计算机和互联网信息产品和技术，提高管理和生产水平，充分整合各方面和外部信息资源，提高企业核心竞争力。

一、中国中小企业信息化管理现状

自从二十世纪七八十年代将计算机技术引入到企业管理信息化后，社会各界就没有停止过对企业信息化的探索。虽然这些年来企业信息化取得了巨大的进步，但纵观诸多企业，阿里巴巴、京东等一枝独大，这种信息化管理的能力还是掌握在为数不多的大公司手里，中小企业想要寻求突破，还是存在着极大难度。

另一方面，由于管理软件市场极大、简单管理软件开发成本极低（有可能是高校毕业生的毕业设计作品）、复制成本更低等特点，导致了管理软件品

种繁多、从业者甚众、竞争激烈。由于中小管理软件市场的过度竞争，出现了"劣币驱逐良币"的现象：劣质管理软件价格一降再降，致使人们感觉只要花几百元钱就可完成企业信息化。造成的后果是：企业管理者买了一套又一套的软件，结果一套都用不起来。

在信息化领域，其实就连竞争最为激烈的"进销存"——众多企业的进销存管理信息化都还是处于水深火热之中，他们只要听到哪位朋友已应用得很成功，就会如获至宝，纷纷效仿，在商品这么发达（所有商品只怕想不到，不怕买不到）、已充分进入了买方市场的今天，这种现象确实是十分罕见的。

二、中小企业信息化管理的主要优势

（一）信息化可以提高员工的工作效率

传统的办公程序，从文件起草、阅读、审批、归档到借阅等环节，往往存在文本不清晰、流通时间、废纸、文件遗漏不明等漏洞。而办公自动化在信息技术下，只要一台计算机，企业就可以完成电子文档流转的全过程。文件由各部门的人员起草，送交部门主任审核签字后，由办公室主任审核签字，最后文件送交总经理批准。电子化和无纸化的整个过程，不仅节省了员工通过文件的时间，而且节约了企业的成本，从而提高了员工的工作效率。同时，当领导离开公司时，可以在公司之外在线阅读，解决了传统纸质签名的缺点，提高了管理的有效性。

（二）信息可以为管理者提供详细的数据作为决策的基础

通过信息技术，我们可以在系统中保留大量的原始数据，帮助管理者进行数据的分析、查询和统计。它为企业决策提供了大量及时有效的数据，比如在餐厅预订系统中，您可以查询食堂的每日食谱和每天用餐的人；食堂管理员可以看到饭前员工的信息，从而控制食品的消费，降低公司的成本和不必要的食物浪费；在员工考勤系统中，你可以每天考察员工，而且在月末查看休假情况、加班情况等，可以快速生成每月的员工报告，从而成为员工每月绩效奖励的重要依据。每个计算机系统中的信息管理可以提供详细、准确的数据报告，帮助企业弥补管理上的漏洞，及时把握企业管理和运作的正确方向。

（三）信息化可以促进企业组织结构的创新和发展

信息管理可以将企业的组织结构从金字塔型结构转变为扁平的"动态网络"结构。企业管理信息的到达和获取不再通过中间层，因此曾经在上传下达中起重要作用的中间层组织将被削弱或消亡。企业组织结构的功能分工将向一体化和综合化方向发展，形成以员工为中心、以指导为导向的新型组织结构。

三、中小企业信息管理中存在的问题

中国的经济市场已经加入世界贸易组织（WTO），中国的中小企业面临着巨大的市场竞争和市场挑战。因此，为了提高市场生存能力，许多中小企业都参与了激烈的信息管理竞争。当然，中小企业在信息管理过程中也遇到了许多困难。

（一）中小企业信息管理观念陈旧

在中小企业信息化建设中，落后的管理理念是阻碍信息管理建设的主要因素。从中国中小企业发展的角度来看，中国中小企业的组织结构大多是皮拉米德的形式。从结构上可以看出，中小企业的管理是一种高度集中的模式。许多领导人在经验筛选下进入管理层，缺乏对中小企业长期发展的具体规划。中小企业信息管理的构建是扁平化模式，简化整体管理，提高管理效率。然而，在这一发展过程中，许多管理者没有将自己的管理理念颠倒过来，以满足信息管理的需要，许多领导没有在管理过程中以身作则，以加强对信息管理的认识。此外，中小企业各部门缺乏信息交流和统一的系统管理，严重影响了信息管理建设的有效实施。

（二）中小企业信息化管理总体规划缺乏

目前许多中小企业没有实施信息化管理的总体规划，中小企业的整体发展还没有明确的目标，导致中小企业在依据规划前进之时容易出现很多问题，影响了中小企业的发展。许多中小企业实施信息管理，只是为了顺应经济市场的发展趋势，没有对自身进行有效的管理咨询，没有结合自己的具体情况。还有一些中小企业过分相信供应商的意见，导致企业在实施实际信息管理时，技术、资金和人员与企业的发展不一致，影响了企业的信息化建设及管理。

（三）中小企业信息化管理水平较低

现阶段，中国许多中小企业的管理仍处于传统的管理模式，信息管理模式的应用水平相对较低。虽然许多中小企业引入了信息管理系统，但在传统管理模式的制约下，中小企业的信息管理水平还没有得到提升。中小企业信用管理作为一种信息传递能力强的信息系统，在应用过程中必须注重数据的准确性和信息资源的处理过程的可靠性和及时性，以保证小企业的各种业务环节信息的完整性。只有充分发挥信息管理的作用，才能最大限度地发挥中小企业内部资源的配置作用，提高中小企业的核心竞争力。但目前，许多中小企业在信息管理方面没有配套的管理体系，这使得中小企业在管理过程中还不完善、管理模式不规范、中小企业的报告数据不一致、信息处理和传输技术落后等。此外，在信息管理系统的应用中，中小企业对运营商的操作规范不明确，对一些非法经营没有相应的处理，而且也没有对经营者进行定期技术培训，不能提高运营商的操作能力，这些都问题制约了中小企业信息管理水平的提高。

（四）中小企业信息管理支持不足

中小企业的信息管理缺乏支持主要体现在相应的设备上。许多中小企业在信息化管理建设中虽然希望引入信息管理设备，但由于思想观念和资金问题，还有一些中小企业由于缺乏相关的管理经验、对相关软件部分的理解和缺乏对相关软件企业的正确评价，使得他们在选择管理体系时感到困惑，不知道如何选择适合其发展的信息管理系统。另外一些中小企业只在信息管理的硬件上只跟进，但在管理软件开发和管理咨询方面仍然停留在原地，这使得中小企业的管理软硬件不复存在。事实上，在中小企业信息管理中，硬件只是信息管理的载体，如果运营商没有软件辅助，运营商的功能基本上无法到达系统1/10。此外，企业的硬件在高速发展的同时，软件也快速更新，容易使企业的采购赶不上市场的要求。因此企业在更新硬件的同时，也要考虑自身的信息管理系统的水平和兼容性。如果硬件和软件设施不适合，将影响到中小企业生产的顺利进行。就中小企业的长远发展而言，如果中小企业只对软件或硬件的更新进行片面追求，也会给中小企业的发展带来灾难。

（五）中小企业信息管理模式创新的缺失

在经济一体化的过程中，中小企业在国内外市场环境中都充满着各种各样的变量。经济全球化的今天，中小企业将走向世界，迎接国际竞争的挑战。在信息变化的时代，中小企业要想在各种挑战中生存，不断创新是必胜的必由之路。因此，中小企业应在生产技术、组织结构和管理模式上进行创新，并据此更新中小型企业的管理软件，或创新适用于中小企业发展的管理软件，并在原有软件的基础上，实现中小企业的数字化、信息化、网络化的络脉管理模式。但目前，由于中小企业整体信息管理水平较低，对信息缺乏了解，许多中小企业在借鉴国外先进的信息管理技术时，无法将自身的需求与发展结合起来进行创新，产生了许多负面影响，这严重制约了中小企业信息管理的发展。

（六）知识与人才问题

我国许多中小企业对信息管理的认识不足，导致互联网认识程度低。目前，虽然许多中小企业已经开始了信息管理，但他们确实需要更多地了解什么是信息管理，以及如何实施信息管理。许多中小企业在信息管理的理解上还有很多局限性。在传统的管理模式下，管理者往往单纯机械地模仿现代管理模式，重复原有的业务处理模式。这种管理思想和模式已不能跟上现代技术的需求，中国中小企业迫切需要具有创新意识的专业管理人才。

（七）资本问题

中小企业资金有限，而且不能合理利用。目前，资金短缺是中小企业普遍存在的问题，由于缺乏经验等，许多中小企业非常重视硬件设施的投入，相应的软件投入却很小。这种做法不仅使大量的流动资金被占用，而且使硬件的投资变人，并导致所获得的利润更少。这样的信息管理系统缺乏科学合理的应用，造成了资金的浪费。由于中小企业的特点，在信息管理的过程中经常会发现，在缺乏对企业现状的分析和管理策略的情况下，企业是很难进行整体规划的。

（八）客观环境问题

由于中国中小企业的平均生命周期短，管理程序频繁变更，难以实现对资金合理有效投资的预期效果，在一定程度上制约了企业信息管理软件的应用。中小企业所需要的管理软件大多数都是比较昂贵的，而且很少有专门为中小型企业设计的管理软件，有些软件不能满足企业的实际需要。同时，软件企业的后续服务也无法跟上，这使得许多中小企业难以实现信息管理。

四、解决中小企业信息管理问题的对策

（一）中小企业自身

首先，中小企业要转变管理观念，提高认识。信息管理的实现，不仅是计算机软硬件的引入，更是人才、管理、技术的结合。人才是企业的第一要素，尤其是企业的管理者和领导者，必须重视和理解信息管理。信息管理系统的成功建设有助于企业管理模式的转变，从而使企业的管理模式得以优化，但许多中小企业对此并无意识。中小企业的管理者必须明白，企业的管理信息应该充分利用现代信息技术和先进的管理方法以促进企业的发展，使企业管理改革从深层次进行。第二，有必要合理利用资金。中小企业投资信息建设资金有限，盲目购买新技术和新产品绝对是不可能的。我们要对自己企业的实际情况进行投资，分析最需要解决的问题，做出科学合理的规划。同时，中小企业应强化硬件设施和软件设施。其原则是根据自身的条件和需要合理利用资金。第三，科学的总体规划。中小企业的信息化管理建设应立足于实际情况，采取整体规划和分布式实施的策略，从易到难逐步实现。

（二）信息化专业服务

中小企业自身的条件决定了信息管理必须依靠软件供应商提供的专门的软件外包服务。由于外包企业有专业的咨询和解决方案，可以保证信息管理投资带来的经济效益，提高中小企业信息技术水平。对于大部分中小型企业，他们应该为自己的发展定制长远规划和风险预测及解决方案。同时，企业要客观、切实地对企业自身进行完全信息化管理，并且和其他企业之间实现信息化管理合作，共同努力，实现双赢。

（三）政府方面

政府应合理整合社会资源，为中小企业实施信息化提供支撑。首先，必须加强信息基础设施的建设和投入。在实现中小企业信息化的过程中，政府应投资相应的资金，以减轻中小企业的压力。同时，要提高信息的利用率，改善信息的应用环境。其次，应解决中小企业资金不足的问题。为了解决这一问题，政府可以采取多种渠道和形式，如设立专项扶持基金等，加强对中小企业信息管理的支持。同时，要积极拓展中小企业直接融资渠道，积极构建信用担保体系，从根本上改善中小企业融资环境。第三，注重人才培养。国家应培养中小企业的专业信息管理人才，建立以培训和在职培训为核心的基础教育和职业教育的信息人才培养体系。最后，建立和完善中小企业的服务体系，为中小企业提供各种专业咨询和科学合理的信息管理方案，提供专业服务，整合社会资源。我国有许多中小企业，它们在我国经济发展过程中起着至关重要的作用。中小企业要适应当前的经济发展，关键是要提高自身的竞争力。因此，中小企业信息化管理的重要性就显得越来越重要。中小企业信息化管理的实现不是一蹴而就的，要实现这一目标，必须付出很多努力。

第二节 互联网转型升级中小企业管理创新

在全球经济复苏乏力、国内外需求紧张、原材料和劳动力成本不断上升的压力下，中国中小企业面临着新的考验。在通货膨胀预期控制下和货币紧缩政策的约束下，中小企业融资难的矛盾更加突出，民间借贷利率持续走高，传统制造业和劳动密集型产业逐渐失去了比较优势，中小企业的产业转型升级越来越困难。

一、中小企业管理创新的意义

创新是企业发展的灵魂。首先，要从管理上创新。为了在转型升级中生存和发展，必须建立一个全面的管理创新体系，观念创新、组织创新和制度创新是企业管理创新的关键。

（一）在转型升级期，中小企业管理创新的目标是实现企业的可持续发展

中小企业在中国经济社会发展中发挥着至关重要的作用。在经济市场化和国际化不断深化的新环境下，在传统经济体制下成长起来的中小企业已经站在一个新的历史起点上，其有必要促进自身发展、提升自身水平，所以说目前已经进入了转型升级的关键阶段；而且复杂多变的经济环境给中小企业的发展带来了巨大的机遇和挑战。宏观经济运行中仍存在许多不稳定、不确定

因素，长期困扰中小企业发展的深层次矛盾依然存在。中小企业的转型升级是一个必然的过程。中小企业的发展模式必须从过去的机遇拉动向战略牵引转变，以价值链重塑和制度创新为核心，以转型、品牌再造和团队管理为核心，推动企业发展，最终提高核心竞争力和抵御风险的能力。

"十二五"计划首次将企业管理创新纳入国家规划。转型升级中，中小企业的管理创新更为重要。创新不仅是一个概念，也是企业生存和发展的内在要求。技术创新和管理创新是企业持续发展的重要保证。在中小企业的创新中，管理创新处于全面规划、引导和协调的位置。管理创新使中小企业的运行机制和管理体制合理，有利于实现人力、财力、物力等有限资源的有效配置，有利于企业走可持续健康发展的轨道。

（二）管理创新可以促进企业的竞争力转移，为中小企业带来持续的竞争优势

管理创新是管理方法和管理技术的创新，是为了在合理的技术条件下更合理地利用各种资源，使整个系统更加和谐、高效地运行。管理创新是企业发展的永恒主题，广泛管理是中小企业普遍存在的现象。中小企业管理创新涉及丰富的内容，如发展战略创新、组织结构创新、管理体制创新、管理观念创新、业务流程创新、财务管理创新、人力资源管理等。总之，管理创新就是改变管理者的做事方式，提高组织绩效。中小企业的管理创新是传统管理模式的变革、完善和改革。它具有动态适应性、可持续性、系统性、实用性、相关性和变化性等特点。一些成功的公司，如通用电气、丰田、联想和海尔，已达到全球领先水平。表面上，他们的成功是由于他们有伟大的产品、强大的执行力和有远见的领导者，而深层次的是因为创新管理。

目前，我国中小企企业管理正从经验管理走向科学管理、现代管理和创新管理。通过中小企业管理创新，建立和完善企业内部各种企业管理制度，培育和实施先进的企业文化，共同追求企业员工的共同利益和共同目标，实现多种生产要素的有机结合、资源的优化配置和生产效率的提高，可以保证企业产品的质量和竞争力，进而提升企业生存与发展的空间。

二、正确认识管理创新的内涵，纠正管理创新误区

管理创新是一个系统工程，包括观念创新、组织创新和制度创新。管理

创新是手段，不是最终目标；管理创新是一个不断探索与提升的过程，不是一蹴而就；管理创新是新的、是有价值的超越，而不是移动。管理创新的主体是全体员工，不仅仅是企业家，企业的全体员工都是企业管理创新的策划者和实践者。管理创新的本质来自人性的自主性要求，创新型领导者应该是企业创新的载体和执行者。管理创新不是万能的，不是每一种管理创新都能创造竞争优势，这在其他层次的创新也是如此，但是这不能成为我们不创新的理由。

中小企业管理创新的误区与大型企业相比，在于中小企业自身的资本实力、经营规模、经营能力和经营环境等多方面存在不足。因此，一些适用于大型企业的管理理论可能是不恰当的，甚至会起到相反的作用。一些新的工具，如 ERP、MRP 等，对于一些外国企业的管理来说是非常科学的，但是对于中国的中小企业来说，不一定完全适合，因此中小企业有必要在使用过程中结合自身的条件。目前，许多学者已经按照大企业的管理标准来要求中小企业，一些中小企业家也利用同样的管理理论来管理自己的企业。

中小企业应努力建立管理创新与技术创新的协同效应和互动效应。技术创新和管理创新是企业形成核心竞争力、保持竞争优势的重要因素。两者之间存在着互动关系。技术创新为管理创新创造了外部环境和内部动力。在激烈的市场竞争中，管理创新必须与技术创新相匹配，才能获得竞争优势。先进的管理促进技术创新，技术创新可以提高效率和实现绩效，这在很大程度上取决于技术创新与管理创新系统是否能够很好地匹配、有效的协同作用，并实现渐进的互动。

管理创新从根本上改变了管理方式。它是改变以顾客为导向的组织形式并最终实现组织目标的一种方式。管理的进步往往导致企业竞争力的转移，给企业带来持续的竞争优势。与其他类型的创新相比，管理创新具有无可比拟的优势。管理创新已彻底改变了组织运作方式，或彻底改变了传统组织模式，使其能够有效地实现管理目标。

企业技术创新的成功主要取决于企业战略、组织模式、文化氛围等因素。同时，中国正处在实现信息技术、发展高新技术、参与全球竞争的过渡时期。同时，也是深化改革、建立现代企业制度、管理流程再造和组织模式重组的关键时期。通过技术创新与管理创新的协同互动模式，有助于企业目标的提升和工作的有效实施。管理创新与制度创新并举，管理创新与技术创新协调，可以形成生产关系逐步适应生产力发展的趋势。

三、以信息化建设为突破口，推动中小企业管理创新

（一）中小企业具有广阔的信息市场，信息化建设是中小企业创新的重要突破口

目前，中小企业信息化发展水平相对较低，对促进中小企业发展没有起到应有的作用。信息化是中小企业生存和发展的重要指标。目前，中国中小企业信息化率还不到 10%。资金不足等原因制约了中小企业的发展，信息基础薄弱，反过来制约了中小企业的发展，形成了一个恶性循环。中小企业具有广阔的信息市场，正确实施信息技术可以帮助中小企业发挥"牵一发而动全身"的作用。管理信息化促进了中小企业的管理体制创新，同时也给中小企业实施现代管理体制带来了挑战。推进中小企业信息化与产业化整合势在必行。政府与企业联动，有利于加快中小企业信息化水平，是加快探索适合中国国情的中小企业创新发展的有效途径。

（二）中小企业信息化建设具有个性化服务和差异化实施的特点

中小企业应科学地看待信息技术的作用，逐步按照合理的信息增长路线图，根据自身发展的需要，制定有效的实施方案。中小企业第一阶段实施信息化管理，这一阶段主要是实现基本信息管理，构建基于互联网的产品推广平台，实现员工之间的有效沟通，奠定企业的基础。这一阶段企业完成基础信息的构建，包括内部网络的建设、企业门户网站的建设、电子邮箱、即时通信系统、CAD 系统、企业现金流的管理等。第二阶段是中小企业快速成长阶段，这一阶段进行全面信息化建设，即信息深化，它包括企业运营管理系统、ERP 系统、条形码技术应用和 PDM（产品数据管理）系统等的深化。最后第三阶段是实施信息战略支持项目，将企业信息化应用到车间和供应链中，实现企业信息系统的闭环与综合集成，收集信息应用软件中的核心数据再进行绩效分析，帮助企业领导建立决策支持系统。通过实施中小企业信息化战略支持项目，企业可以及时反馈市场变化，并能有效地实现企业内部管理和

控制，实现企业的科学决策。

（三）采用便捷高效的"云计算"模式开发中小企业信息市场

云计算技术的合理使用对克服中小企业之间的矛盾起到了助推作用，如企业规模小、投资大、信息技术强、中小企业缺乏人才等。它是促进中小企业建设的最有效的手段，可以使中小企业拥有一个高端的信息服务平台。中小企业以"云计算"的方式获取信息服务，不需要部署、不需要安装、不需要维护和升级，通过账户便可以利用所需要的各种服务，这对于加快中小企业信息化进程具有重要意义。通过"云计算"软件服务提供商，服务器和存储资源可以聚集在一起，并提供给中小企业。中小企业不需要花很多钱购买，不需要专业的操作和维护人员，并且节省了大量的硬件输入和软件开支。"云计算"提供了从电子商务到在线办公的各种需求，再到信息管理，包括市场营销、服务、采购、制造和物流供应链，以及基础管理、人力资源管理、技术开发和财务管理。在商业动态适应和新技术领域，小企业可以很快实现企业的目标。

云计算技术是推动中小企业信息化的一个非常复杂的系统工程，涉及经济社会发展的多个方面。云计算的安全性尤为重要，它从企业的辅助服务进入企业的核心业务决策，涉及企业的日常经营和业务决策信息，因而有必要建立严格有效的商业秘密保护制度。

四、营造优秀的企业文化，将行政文化从中小企业转变为企业文化

企业的可持续性，是受到世界发展的进程所影响的，而企业文化建设也是如此。建设积极、健康、向上的中小企业文化，实现从行政文化向企业文化的转变，对提高中小企业的综合素质、提高市场竞争力具有重要意义。

（一）中小企业的竞争力符合我国企业特点的组织文化建设，是适应市场经济发展的需要

目前，大多数中小企业的管理者把员工与企业的关系看成是简单的劳动关系，缺乏以人为本的科学管理，企业文化很难实现企业员工的归属感，以家庭成员为核心的管理使得外籍成员难以获得发展机会。企业的经营着眼于眼前利益和短期利益，而企业文化和管理方法往往缺乏长远眼光。企业文化

的构建局限于如何使员工对企业的狭隘水平更加忠诚，而忽视了企业愿景和管理理念的文化价值。企业文化具有凝聚力和导向作用，创造优秀的企业文化，将企业家的价值观制度化，可使企业家的价值观成为全体员工的规范，从而不断统一员工的价值观，增强员工的认同感，最终使员工的价值观得以实现。中小企业应从领导机制、组织机构和企业管理制度三个方面构建企业文化体系，将创新融入企业文化建设的全过程，确立核心价值观。企业正确的核心价值观能够指导企业管理体制的改革和完善。中小企业应通过管理改革，逐步形成新的集团价值意识，实现企业文化建设的目标，构建独特的企业文化。

（二）不同的企业有不同的文化模式

在不同的发展阶段，企业对企业文化的发展有不同的需求，应从可持续发展、以人为本的角度出发，根据企业发展的不同阶段，确定相应的企业文化。以企业成长为中心建设企业文化；成熟企业以企业再造为中心建设企业文化，衰退企业以企业转型升级为中心的企业文化建设。中小企业可以选择的文化类别有：第一，战略理性的企业文化。基于道家理论的精髓，不难发现企业的本质都来自于实际，老板和员工生活在和平中，因此定期交流、鼓励创新可以达到和平与和谐的文化氛围。第二，诚信友爱的企业文化。所有员工在行动上都不分级，领导和员工和谐相处，使他们的个人利益、个人发展和企业利益、企业的发展密切相关。第三，制度型企业文化。基于儒家传统理论，"皇帝和大臣不同，社会秩序"，根据现代企业制度制定了相应的企业管理制度。

五、促进中小企业的管理战略创新

战略规划是企业的灵魂。战略创新的核心问题是重新定义企业的经营目标。中小企业最重要的战略选择是注重市场转型升级，而战略创新是基于企业核心竞争力的提升。成功的战略创新者将采用与竞争对手完全不同的竞争战略和商业目标。对于中小企业而言，通过区域集群来发展区域品牌是一种可行的战略发展模式。从企业的实际出发制定相应的精细化、特色化的战略，应首先集中企业的人力、物力、财力，使企业发挥自身的市场优势，进行专业化、精细化管理，然后根据中小企业的特点，找到市场上的突破口，寻找新的市场。还应该发展特色管理策略，以吸引顾客，通过特色产品占领市场。另外开展新的联合竞争战略，使企业与区域企业集聚，紧密地在平等互利的基础上紧密联系，补足优势互利共赢。最后在高新技术产业领域，企业还可以及时利用新技术开发新产品，从而创新技术。

制定灵活的管理创新目标，最终形成具有中国先进水平和中国特色的中小企业管理模式。在规模上，中小企业不能与大企业相比，但"麻雀虽小，五脏俱全"。从人、财、物、技术、信息、产、供、营销以及其他企业的管理要素和渠道上而言，也要求企业在管理决策、计划、组织、实施、运作、反馈和修订等各个方面进行科学的管理和操作。随着企业规模的扩大，企业管理模式应注重对职业经理人的管理，从单个企业的管理到集团的管理，尤其是母子公司的管理模式。中小企业应创新简单快捷的业务流程管理机制，建立全过程组织、质量控制机制、快速反应机制、客户导向机制等，保持竞争优势，以在产品和服务方面更灵活地适应市场环境和发展。

第三节　中小企业运营管理系统建设

虽然工商界注册的中小企业数量已达数以千万计，但中国中小企业的平均预期寿命不到 3 年。究其原因是，大多数中小企业都是从个体经营开始的，随着经营规模的扩大，原有的管理方法难以适应企业规模的扩大，主要表现为：没有完善的管理体制、部门职能和岗位职责，没有闭环的业务流程和控制标准，市场方向不明，员工分工不明确。因此，导致客户流失、企业资金失控。企业的资本流失，最终可能导致企业倒闭。这种现象是由企业快速发展与企业管理水平的矛盾造成的。因此，帮助快速成长的中小企业增强抵御风险的能力，为中小企业量身定做一套"经营管理系统"具有重要意义。

所谓"运营管理系统"就是通过一套软件简单模拟实现企业的主营业务，利用计算机的优势帮助企业管理。这有助于增强企业的竞争优势，促进企业的发展。这种"经营管理系统"是企业管理、企业人事和软件的结合统一，其价值远远超过一般的软件。

一、建立运营管理系统的优势

如今，市场竞争非常激烈，市场给予企业的机会可以说是昙花一现。为了生存和发展，企业要善于把握机遇，这对企业的整体素质的要求是非常高的。如果企业能有一套适合本企业的运营管理系统，就可以规范企业管理，并帮助企业快速、准确地决策，从而达到提高企业管理质量的目的。

（一）能规范企业管理

首先，组织机构、管理制度、岗位职责、业务流程、业务标准等都是规范化的。在运营管理系统实施标准化管理后，这样的管理系统不仅满足了企业的实际情况，而且使员工易于上岗。

（二）能够提高员工素质

因为运营管理系统在建设过程中，需要实施方与企业主要员工充分的沟通，最终的成果是建立在相互承认的基础上的。讨论组织结构、管理制度、岗位职责、业务流程和业务标准的过程，相当于对员工进行全面深入的培训，可使员工意识到企业进行这些管理内容的重要性和必要性，并且自主地去提升自身素质。

（三）便于实现精益化管理

运营管理系统的一个优点是能够实时准确地生成统计分析数据，并为企业决策层提供一些管理分析报告，从而为企业实现精益管理创造条件。

（四）为企业持续发展打下基础

企业运营管理系统使用的时间越长，其价值就越大，因为企业发展过程中的数据和管理被存储在系统中，企业的发展过程被记录了下来。企业可以容易地产生历史数据进行横向和纵向分析，并为制定企业发展方向提供有价值的信息。

二、运营管理系统建设的必要条件

据统计，我国企业实施 ERP 系统的成功率不到 10％。根据多年来企业运行管理系统的实践和研究，列出了以下几个保证运营管理系统成功实施的必要条件。

（一）决策支持

运营管理项目的支持主要体现在两个方面。一方面是资金的支持，决策层面应保证运营管理系统具有合理的利润。在今天的中国软件行业，数百美元和数千美元的软件也叫称作 ERP，但真正的 ERP 系统绝对不是这种价格。运营管理系统的实施者也是一个企业，作为企业，维护经营需要利润。如果价格真的降低到一个非常低的水平，执行方只能降低产品的功能，而最终的损害只能是需求侧的系统。另一方面，它是资源的支持，因为企业的员工本身工作任务就很多，又额外增加一个很费时间沟通的任务，这时如果领导的态度不明朗，员工的合作便会打折，并最终导致项目进度慢、业务沟通不完善等问题产生。

（二）协调中层和特定业务人员

在企业运营管理系统的建设过程中，几乎所有的企业部门都参与其中。因此，企业的上下级、各部门之间的相互沟通和相互协调非常重要。比如，大多数岗位与各部门的领导（企业中层管理人员）及各部门的业务骨干的沟通。在沟通过程中，各部门的职务是什么，职员所负责的特定业务是什么，都是需要企业内部件的协调来解决的。

（三）系统人员应了解企业的管理和业务

企业运营管理系统不能简单地理解为只是一种功能软件，它是管理、人和软件的结合，因此对系统的质量、能力和经验的要求非常高。其中最重要的一点是系统的人员应该了解企业的管理和业务，这是企业与员工进行良好沟通的前提。因此，执行团队应配备高级顾问作为企业人员与软件开发人员沟通的桥梁。已经观察到的是，许多管理系统在企业管理中相对较浅，这主要是由丁缺少高水平的咨询人员。由于程序员在企业管理系统的建立过程中处于指挥地位，而指令的来源却是企业的实际业务状况，企业的实际业务状况则需咨询人员和企业人员进行沟通。因此，在运营管理系统的建设过程中，作为系统的建设和实施方，系统人员应至少具备对业务的理解、对管理的理解和对软件的理解等基本素质。

（四）软件灵活、便于调控

对于已经发展到一定水平的企业而言，他们的业务管理和业务流程基本上是固定的和趋于标准化的，因此相对容易构建完整的结构体系。另外，中小企业在成长过程中，发展速度快、变量多等特点使其对系统的适应性要求很高。因此，应进行操作系统适应性的调整，比如企业人员本身可以进行简单的调整，需要通过系统的实施来实现复杂的调整，但成本不能太高。

三、中小企业运行管理系统的设计原则

（一）服务于管理的原则

信息系统是由管理的需要产生的，信息系统是服务于企业管理的，因此管理的需求是第一位的。在信息系统建设过程中，我们非常重视决策层的管理理念和企业发展战略，这将成为我们设计系统的基础和标准。企业中间层的管理方法在很大程度上决定着企业的业务流程。具体业务人员的操作习惯是系统中业务运作设计的重要依据。

（二）规范化建设的原则

企业信息管理系统建设过程中的标准化，不仅仅是要形成软件系统所需要的标准化数据结构，而且是要首先建立企业标准化的业务流程和管理规范，然后设计信息系统所需的标准化基础数据和业务数据，并提供其他系统标准接口数据用于连接。

（三）规范管理的原则

企业建设管理系统不仅要通过系统建设过程中的研究和培训，开发一套软件来提高员工的素质，形成员工间的规范管理思想；还要运用软件避免不规范的商业行为。

（四）安全原则

众所周知，保障体系中的信息安全对公司来说是极其重要的。一方面通过防火墙、密码、令牌等硬件和软件措施防止信息泄露、过电查看或被盗；另一方面，通过及时备份，防止设备损坏造成信息丢失。

（五）整合原则

充分调动公司内部资源、外部资源，发挥公司的最大竞争力。一体化原则有两个含义，一是将实际业务流程和系统业务流程集成在一起；二是企业业务的集成，即一个完整的系统根据功能划分为多个模块，而不是建立多个

独立的系统，然后建立系统之间的关系。

（六）柔性原则

在公司的实际运作过程中，必然会有一些特殊的业务根据需求进行调整。信息系统的设计应充分考虑业务的特殊性和业务的可变性，并在一定程度上能够适应这种实际变化，而不需要进行大规模的修改。

（七）可拓原理

在系统架构设计中，应充分考虑决策层的发展策略，满足公司后续发展对信息系统功能扩展的需要。

（八）实用易用的原则

系统的功能应该是完全实用的，并且应该处理特殊的业务情况。它可以完全取代手工操作，避免手工与系统业务的并行现象。系统应适用于公司各级员工，我们要充分考虑各级人员的素质、能力、习惯、实际业务情况等，构建一套方便、易用的系统，以提高工作效率。

（九）快速稳定的原理

要充分考虑系统的运行速度和系统稳定性。

四、企业运营管理系统的建设方法

在运营管理系统的建设过程中，不仅要有必要的条件，还要遵循一套标准的施工方法，以控制整个施工过程。

（一）双方建立对等项目组

企业和实施者应建立一个项目团队，以便及时沟通和解决问题。一般来说实施团队是一个项目组，在企业中设立一个临时的专职项目团队，即使在整个过程中只涉及一个人也有必要建立专职项目团队。首先，在全员工作中，责任明确，也可以集中精力，及时沟通解决问题，避免项目拖期；另外，在系统成功启动后，企业可以全面了解整个系统，方便对系统进行内部维护和人员培训。

（二）确定组织和业务流程

通过广泛深入地沟通、反复的讨论，以获得双方认可的组织结构、部门职能、岗位职责、业务流程和控制标准。这是进行下一步管理系统开发的基础。

（三）软件开发与测试

在确定业务流程和相关标准之后，系统建设的重点是在系统实现方面，或者通过开发，或者通过配置来实现特定的业务流程。在业务处理过程中，必须有规范地控制、调整。在整个系统形成后，有必要进行整体测试，以避免系统试运行中出现低级错误，因为这会影响人们的信心。

（四）系统的试运行和调整

虽然通过早期的、反复的沟通，但在真正看到系统之后，企业的工作人员也会提出一些其他的想法，比如，尽管系统开发的过程是会经过仔细的测试来完成的，但也会不可避免地漏掉一些问题，这时就需要进行试运行。所谓的试运行是用系统来处理实际业务并进一步测试系统。虽然系统已经形成，几乎不可能进行一些大的结构调整，但有必要对严重的错误及一些合理要求进行相应调整。

第二章　企业信息化运营模式

第一节　企业信息化运营概述

一、企业信息化的含义

企业信息化是在业务流程优化和重构的基础上，利用计算机技术、网络技术和数据库技术，在一定深度和广度范围内控制和整合企业生产经营中的各种信息，以实现企业内部和外部信息的共享和有效利用，进而提高企业的经济效益。企业管理理念的创新、管理过程的优化、管理团队的重组和管理手段的创新等都是提升市场竞争力的有力手段。

如果从动态的角度看，企业信息化是将信息技术和产品应用到企业中。这个过程表明，信息技术在企业的应用中可以分为空间和时间两个角度，在空间上，它是一个从无到有、从点到面的过程，在时间上是阶段性和渐进性的过程。信息的核心和本质是企业利用信息技术，对隐藏的知识进行挖掘和编码，并对业务过程进行管理。

企业之间的竞争应包括产品竞争、价格竞争、品类竞争、服务竞争、市场竞争和声誉竞争。随着工业化进程的完成和信息时代的到来，各种竞争不可避免地被信息所掩盖。为了在新的科技时代生存和发展，企业必须参与企业之间的科技竞争，扎根于科学技术的肥沃土壤上，以使企业充满活力。

通常情况下，技术进步对企业产生的直接影响主要有以下几个方面：技术进步将有助于提高产品和服务的质量；技术的进步缩短了产品的生命周期；技术进步可以改善生产过程，并为生产开发更有效的生产工具，从而可以大大提高生产效率。因此，只有通过不断的技术开发、技术引进和技术改造，企业才能在市场竞争中保持强大的竞争力，永远立于不败之地。

二、企业信息化运作的背景分析

在新的竞争环境之下，越来越多的企业开始探索新的运营方式。其中，信息运营日益成为一种新的运营方式，对企业在国际舞台上的竞争力有着重大的影响。

影响当今企业的力量有两股，第一股是全球化。全球化不仅意味着我国企业要思考如何走向全球市场，更重要的是许多国内企业要适应中国市场的全球竞争。例如，管理软件产业面临的竞争是完全的国际竞争，这是一个完整的全球化模式。影响当今企业的第二股力量是信息技术。与我国同类企业相比，美国的交通运输业和物流业更具信息化的特性。但在美国，交通运输和物流业并不是最具信息化的行业，尤其是与金融、电信业以及工业相比。尽管如此，我们还是可以看到，它的信息化比率相当大，这显示了当今的企业信息技术的重要程度和地位。根据改变和影响企业的两种力量，我们可以把全球企业分为四类：第一类是低水平全球化和信息技术的，其处于竞争环境中的弱势产业；第二类是高度全球化的企业，其信息水平较低，类似于中国乡镇企业；第三类是高度信息化的，但其全球化程度很低，比如 DOT. com 公司；第四是全球化程度高、信息化程度高的企业。可以看出，当今成功的跨国公司，包括一些优秀的国内企业，基本上都在这个范围之内。

三、企业信息化运营的重要应用

所谓企业的信息化运营，指的就是企业利用IT技术建立IT系统，实现其领先的经营管理业务。企业信息化将影响企业的各个方面，影响不同的业务环节和管理领域，以下是企业信息化运作的几个重要应用。

（一）集中管理模式的应用

集中管理是信息化应用的主要方式，是企业管理的一种变革和创新。我们可以简单地回顾一下中国企业改革与发展的实践过程。20世纪80年代，企业的改革主要是为了扩大企业的自主性，但90年代中期以后，越来越多的企业不断地集权。自从进入21世纪以来，企业的集中管理开始受到重视，世界上一些公司的管理发展方向基本相同。例如，Oracle公司利用其全球信息系统将其全球分支划分为两个阶段，包括业务、财务、人力资源和客户资源。第一阶段是把世界上200多个分散在世界各地的机构集中在60多个地区总部，第二阶段是将这些区域总部集中到集团的总部。目前，我国企业也在进行着集中管理的过程中，我国企业集中管理比较明显的是证券和银行业的大规模集中，近年来电信行业也呈现了这一趋势。

集中式管理首先是业务上的集中管理，比如说交易业务的集中，柜台业务集中化和采购方式集中化。例如，越来越多的集团企业实施集中采购方式，首先是降低采购成本，优化供应商资源管理。其次，财务集中管理，通过这种方式把整个企业集团的财务集中到总部，集中管理整个会计数据。集中式财务管理模式使集团企业能够实时管理下属部门。无论你的分支机构有多少分支，无论是遍布全国还是世界各地，你都可以通过网络信息系统的集中模式来处理它。如果要检查任何分支的财务价值，只要找到总部的服务器，就可以在预算执行中控制分支机构的财务预算，并将每个预算的原始财务控制分配给各个分支机构。在集中管理模式下，最常用的是资金集中管理，特别是网络银行和电子银行，实现集团企业资金的集中配置，可大大减少企业资本的占用。此外，集中管理是目前许多企业特别是客户资源推动的一种管理方法，对企业的发展有着巨大的影响。例如，在过去几年的外贸行业里，有一个非常恼人的问题就是，顾客的资源往往掌握在销售人员手中，而不是掌握在公司手中。一旦销售人员离开公司，这些客户资源可能会被拿走，而公司经常遭受巨大的伤害。现在，通过建立客户管理信息系统，企业可以加强对整个企业资源的集中管理，不仅能使销售人员所掌握的客户资源真正成为企业的资源，这对企业来说更为重要。

所以，集中管理这样一种模式，事实上，它是企业整体经营和管理的最优化。在这种优化过程中，其直接效益是提高企业的透明度，便于总部了解和掌握支线末尾的大量数据，消除原有非集中管理模式中的灰色地带。在这个过程中会有一些阻力，通常不是来自技术，而是来自公司内部。事实上，这也是信息化进程中必须解决的一个问题。

（二）网络化分销方式的应用

信息运营的第二个重要应用是分销管理。对于许多行业来说，最重要的业务环节是销售。消费品行业的关键是如何尽快销售产品、降低销售成本以及提高销售过程中的销售效率。由于整个配送系统规模很大，整个配送系统的控制和管理对企业效率的影响十分重要，因此，企业采用了分销管理。通过将大规模的产品用配送系统进行分销管理，大大提升了销售效率，降低了不必要的成本浪费。例如，某著名的乳品生产和销售企业，过去几年一直令其困扰的问题是如何管理和控制大的分销系统。通过使用信息系统对全国所有乳制品的销售网络进行集中管理，整个货物流通效率大大提高，库存大大减少，取得了巨大的应用效益。

（三）企业协同在供应链中的应用

随着经济全球化，国际分工在许多行业中越来越明显。许多产品不是由制造商完成的，而是需要通过多级分包来完成。这里必不可少的一个环节就是供应商所述的供应链体系。供应链一旦形成，供应链的联系就会增多，如何保证供应链上各个环节之间的有效业务合作也需要借助信息系统来处理和实现。如何在供应商、上游承包商和相应的备件供应商之间使用信息流，形成业务协作网络，是现代企业运作中需要解决的信息系统的现实要求。众所周知，只有整个供应链系统是高效的，才能真正形成竞争力。以戴尔为例，他们自己的组装效率，远远不够，那么必须与上游供应商和零部件供应商进行有效业务协同。只有通过这个信息系统，才能保证戴尔计算机在一周内交付，否则它不能形成像今天这样的生产效率，也不能形成像这样的竞争力。因此，协同商务也成为信息运作的重要应用。

（四）资产管理方式的应用

资产管理，是指充分发掘资产的有效价值，以提高设备和资产的利用价值和降低其损耗率。资产管理的方式也是多种多样的，而利用信息系统进行管理成为比较有效的管理方式；因此信息业务在资产密集型企业和设备密集型企业中显得十分重要。例如，在电厂和石油化工企业中，重型设备的管理是其管理的重点，由于这些设备非常昂贵，其有效使用是企业提升效率的关键。资产管理软件的使用能使整个管理过程更加高效，进而实现全生命周期管理。资产管理软件利用信息系统收集和组织有关设计和施工的原始数据，并在主要设备投入运行后有效地控制和管理设备，以控制设备的使用、更新和报废，从而提高这些资产设备的利用率。

此外，对于许多企业来说，应该说全球化的运作并不遥远。在这个过程中，电话、电报和传真系统在支持全球化的运作中起到了很大的作用，但今天，基于网络的信息系统在企业的全球运营中发挥着越来越大的基础性作用。

四、企业信息化运作的部署

企业的信息运作与部署必须与企业的基本价值链和基本增值链紧密结合，即必须与企业的核心业务相结合。首先，它要求企业在最关键的、最核心的业务上部署信息化，只有这样带给企业的价值才最大。当然等到了一定时期，企业整个价值链上的所有环节都可以实现全面的信息化。

现在让我们大致了解一下不同的企业部署信息化的不同顺序。例如，对于财务咨询企业来说，客户管理是关键，资金管理是企业管理的重点，是企业的资源部分，因此财务管理和人力资源管理应该是当务之急，其价值在于这些管理，可以合理配置和监控。客户管理是需求进口企业的重点部署，如消费品企业，最重要的是客户网络和销售网络管理。对于大型装备制造企业，如建筑业，其信息主要是物流采购和资源管理，其价值主要是控制成本（控制采购成本和制造成本）。还有，当企业的信息系统已经达到一定程度时，都会对信息化有一个共同的要求，那就是战略上的管理，即战略信息化。这里最重要的是规划整个公司的资源，对整个公司进行有效的监控和评估——商业智能、决策支持和其他系统往往是解决问题的关键。由于各种企业的业务需求不一样，因此不同的企业在信息部署上有不同的优先级和步骤。

我们在导入一个企业的信息管理系统时，除对其应用的把握外，也有技术方案的选择。目前，如果一个新的系统还没有经过实践使用，毫无疑问，就必须选择一个完全基于网络应用技术架构的系统，即网络应用必须是百分之一百个 BS 结构（完全应用的模型）。该系统的建立要基于协同应用技术，因为该技术是目前网络交换的通用标准。只有通过选择这一技术，才能应用和实现上述集中管理、网络分销、供应链业务协作等关键应用。

五、企业信息化运作的价值实现

企业信息化运作所带来的价值首先体现在企业的运作速度上。例如，客户服务，原来的传统方式需要几小时甚至一天，现在只有几秒钟；一个集团企业要了解下属企业的财务状况，原来可能需要半天或一天，现在几分钟就可以了；整个供应链的更新原来需要用一天的时间，现在可能一刻钟就好了；文件的传输最为明显，电子邮件传递现在只需要几秒钟。此外，一个非常复杂的过程，在手工车间可能需要几天时间才能完成，而现在只需短短几个小时或少于一个小时便可完成。因此，业务速度的变化和提高是企业信息化运作的最直接体现。目前，速度对企业发展的影响越来越大，商务速度的提高实际上也意味着企业竞争力的提高。

当然，企业信息化的应用远远不止上述几个方面，企业的变革应该是全方位的。就客户市场而言，我们以前对市场策略的研究和决策很大程度上是基于推测，而现在有可能获得对相关数据的精确理解。在客户服务方面，它也从原来的制造商或供应商提供的服务变成了目前已经在金融行业开始的客户独立服务。同时，企业信息化对于员工的工作变化和影响也非常明显。一些价值不是很高的工作将由系统所替代，这样员工就可以把自己的才能集中在更有价值的工作上。此外，企业信息化运营的业务流程由原来的低规模扩大了十倍、几十倍，信息处理和管理模式发生了变化，分散管理模式已成为集中管理。当然所有的改变，最后都围绕着一个最终目的，那就是提升企业的竞争力。

所以，企业信息化运营可以从根本上改变一个企业的形式，或者改变一个企业的竞争地位。在传统的企业信息化水平低的企业中，大量的资金集中在制造过程（制造设备、各种库存、原材料）上，随着信息操作水平的提高，这一比例将大大降低。一般来说，信息水平高的企业将使企业从传统的结构和运作模式向现代品牌企业运作模式转变。在实际的资本投资和压力中，它往往是最小的，而网络和无形资产的资源是最丰富的。当然，要支持一个品牌企业，就必须有一个广泛的合作伙伴和上游、下游供应商，并使它们有效地协同，而信息系统可以实现这种协作业务。

综上所述，全球化和信息这两股力量对当今企业产生了很大的影响和变化。信息运营已成为一种新的运营模式，对企业在国际范围内的竞争力有着重要的影响，同时，也可以促进企业的全球化和信息化。我们可以首先信息化，然后全球化，我们也可以全球化，然后信息化，最终形成一个有利的企业，但是变化的速度有快有慢，这也决定了该企业竞争力提升的快慢。

第二节　中小企业电子商务运营模式与路径选择

一、中小企业电子商务发展现状

近年来，中小企业发展迅速，在国民经济中发挥了非常重要的作用。目前我国大多数中小企业处在电子商务应用的实验阶段和整合阶段。伴着中小企业的规模逐步扩大、管理进入正轨，完善的电子商务解决方案实施将逐渐提上日程。由于当前中小企业电子商务应用需求凸显、政策倾斜、中小企业电子商务商品的日益丰富，还有外资的促进，我国中小企业电子商务应用已经进入了迅猛发展的有利时机。我国中小企业电子商务非常活跃，中小企业电子商务服务系统开始出现，中小企业电子商务应用价值开始显露，基于平台的中小企业电子商务生态逐步形成，并将在以后一些年后激发出巨大的能量价值。

（一）了解电子商务的作用是不够的

绝大多数中小企业都把电子商务理解为网站建设、网上商店建设、发布企业信息和产品。因此，网络利用率低，营销模式单一，很少有企业拥有自己的独立域名 URL，其他网络营销活动少，网络的巨大优势和潜力远未挖掘和应用。

（二）资源投入不足，投资结构不合理

许多中小企业仍然集中精力做生意，因此很难投入足够的资源来进行信息化建设。许多中小企业在硬件建设方面投入了 80% 以上的信息化建设投资，而支持软件投资相对较小。这不仅占用了大量资金的流动性，而且限制了硬件设备的有效性。虽然一些企业已经建立了网站，但他们对传统业务的关注度太高，对信息化业务的关注度不够，即便投入了大量资金，但是仍然没有取得相应的回报。

（三）企业管理水平低

我国许多中小企业都是以领导经验为基础，进行广泛的管理。许多企业都希望提高管理水平，这就要求领导在做出重大的决定时，除了规划资金分配外，更重要的是组织员工将资金的使用落到实处，起到该起的作用。有的企业虽然加大了信息企业投资，重视了设备和技术更新，但是却忽视了相应的管理模式的改变，导致投资没有得到回报，甚至带来负面效益，这是制约企业信息化建设的一个重要因素。

（四）电子商务人才匮乏

缺乏专业技术人才，已成为限制电子商务发展的第一因素。许多中小企业由于企业规模小，招聘高素质IT人才成本高，不能留住人才。此外，中小企业涉及的领域非常广泛，而大多数专业网络人才集中在IT企业中。中小企业很难找到一批既懂信息技术又懂业务管理的复合型人才。根据伊利咨询第三方调查，中国电子商务人才缺口约为100万。许多中小企业，基本上没有专门的电子商务人才，只有老板本人或传统的营销人员通过简单的培训来实施电子商务，使许多中小企业没有充分发挥电子商务的作用。

（五）高层领导没有给予足够的重视

落后的观念导致高层领导的重视不够，这是制约企业信息化的重要因素。一些企业的领导安于现状，他们认为，如果不搞信息化建设，企业就可以做得很好。企业信息化建设的重视程度还不够。在企业信息化的初期，一些领导者对技术有着很高的期望，希望通过企业信息化获得更高的效益。所以一旦投资成本增加，效率没有显著提高时，信心就丧失了。高层领导不应长期看问题，急功近利，这不利于信息技术的持续发展。

（六）配套服务体系不健全

目前，中国的电子商务法律法规还不完善，信用、支付、物流等不匹配现象较为严重，给企业带来了巨大的网上交易风险。

二、中小企业电子商务运作的基本模式

事实上，对于中小企业来说，在整个业务过程中应该重视价值创造。因此，电子商务未来的发展模式应以价值链的盈利模式为基础。从这个角度来看，企业的电子商务模式可以分为ASP应用模式、第三方平台模式、合作平台模型和电子购买。

（一）专业化电子商务（ASP）应用模式

ASP模式意味着企业（用户）不再负责与应用系统相关的任何管理工作，

而是将信息系统的所有建设和维护外包给 ASP。企业只需要按时支付 ASP 的租金，就可以使用该信息系统。该模式起源于美国，许多著名的 IT 企业，如 IBM、微软、Oracle、Sun 等已经涉足 ASP。许多企业管理软件提供商也在争夺 ASP 服务，而中国的许多中小企业也在如火如荼地进行着，ASP 的增长提供了强大的动力。

（二）第三方平台模式

第三方平台模式的实质是依靠第三方提供的公共平台开发电子商务。真正的电子商务应该是专业化、拥有强大的服务功能、"公共"和"公平"的第三方服务平台。它应该是制造、流通和零售终端的服务提供商，目的是为制造业和流通企业建立一个高效的信息交换平台，即是提供卖方和买方在网络上通信的地方，而且货物本身很少。它们的运作方式是：网站帮助卖家发布商品信息，消费者在网站上浏览商品，双方商定好价格，维持好秩序，消费者向网站的卖家汇款，网站然后给卖方钱，或者网站只向消费者提供消费者信息，促进其交易，不参与其资金循环。同时，网站不仅要检查消费者和销售者的信用度，以保护消费者和销售者的利益，而且还发布某些广告并释放企业的需求信息。

（三）合作平台

协同平台的关键思想是将所有与业务运作相关联的独立实体组织起来，并根据各自的兴趣和目标将其划分为不同的组。不同的组对应不同的业务功能，提供不同的服务，并直接在组和组之间进行通信，从而实现企业信息共享和战略协作。流通企业与制造企业的合作在协同平台模式中是常见的。制造企业借助网络平台快速推出产品，同时利用流通企业完善的物流设施和供应链系统来节约商品流通成本。传统流通企业依靠制造企业的销售量扩大业务，增加利润。企业协同平台可以根据市场需求的变化及时调整和改变合作伙伴。中小企业可以通过电子商务增加在互联网上被搜索的概率。

（四）电子采购

电子采购是由买方发起的采购行为，它是指网上交易、在线竞价、网上竞价、在线谈判等活动，具有一定的 B2B 味道。事实上，它只是电子购买的一部分。

三、中小企业电子商务运作模式选择策略

（一）影响模型选择的因素

企业目标：企业发展目标是影响企业决策的重要因素。未来的发展方向将影响运营模式的选择，例如，企业要注重信息的开发，或者增加销售，抑或实现资源共享等。

资本：资本是企业发展最基本的因素。中小企业要想长期发展，就必须把资金运用到最前沿。因此，如何利用资金将对企业未来的发展产生重要的影响。

交易安全：网络安全一直是困扰大家的问题。随着电子商务的发展，电子商务的用户和交易量不断增加，诚信和安全问题越来越受到人们的关注。如何检验买方和卖方的完整性，完全建立由供需双方和第三方、物流和运输的共同需要和虚假信息的识别所形成的安全体系，仍然存在许多问题。因此，企业在模式选择时，还要考虑交易的安全性，避免因为安全问题，而给企业带来损失。

信息流通：企业要想发展，首先就得让顾客所知道。电子商务使人们能够更广泛、更充分地利用信息、了解业务条件和共享资源。信息的透明性和开放性使得市场主体之间的竞争更加激烈，这将有助于企业通过单向物流拓宽服务贸易，并借助网络技术、物流、业务流程、信息网络等手段来促进企业之间的竞争。网络技术将促进信息流、资金渠道和服务质量的提高。

企业的实际运作：企业的经营包括三大环节，即采购、加工和销售。尽可能地减少成本，扩大企业效益。

（二）ASP 模式的选择

如果企业资金少、成本高、IT 人才匮乏，加强企业信息化建设，可以选择 ASP 模式。中国中小企业信息化建设虽然取得了一些成绩，但仍存在许多问题，主要表现在观念上的欠缺、规划的统一性、服务水平的低下、建设成本的高企和缺乏建设等方面。

企业要进行自身的建设活动，就需要大量的资金和投资，需要专业的 IT 人才。而中小企业留住这些人才是很困难的。此时，企业可以选择 ASP 模式。通过使用 ASP 模型，企业在前期节省了大量的软硬件投资，用较少的资金可以启动一个更大的项目，缓解了企业的现金流压力。更重要的是，企业可以在系统实施过程中控制风险，采取和 IT 厂商交易系统租赁模式，以确保 ASP 提供商必须继续为企业提供专业服务，以满足企业的需求。

如果服务质量不能满足企业的需求，企业可以很容易地解除租赁关系，从而减少损失，降低投资风险。此外，如果企业自行购买软件和硬件进行系统建设，不仅有采购成本，还有隐性成本，如维护成本，这些非核心部门的投入是巨大的。对于那些实力强大的公司来说，这些投资是可以接受的，但对于那些没有足够资金的人来说，这种投资显然是不可接受的。此外，企业要想在激烈的市场竞争中生存下来，就必须把有限的资源集中在核心业务上。如果企业在他们不擅长的领域花费太多的资源，就会造成不必要的浪费。成本是企业发展时必须考虑的一个因素，追求最低成本、获最大的效益是每一个企业的追求。因此，在选择模式时，要充分考虑企业在模式上的花费和成本是否过高，从而影响收益。

一般说来，抛开一个企业的复杂程度，也不管它想要建立多少 IT 系统，软件和硬件至少都要花费几十万元。一般情况下，优秀的 IT 人才将首先流向各个专业 IT 企业，因此，中小企业聘请高级 IT 人才是非常困难的。即使我们招聘人才，我们也不能提供更多的发展空间，因此也难以留住这些人才；没有人才，维持 IT 系统是不明智的。而 ASP 模式的出现，正是为了解决这个问题，让这些企业更专注于自己的核心业务。

（三）第三方平台的选择

如果企业的资金不够，缺乏专业人才，没有必要进行信息化建设，只要求增加销售，降低销售成本，并注重交易的安全性，就可以选择第三方平台模式。

采用第三方电子商务平台是买方和卖方的良好选择。第三方电子商务平台是一个具有盈利潜力的商业模式。它是一个以客户为中心、开放中立的业务平台。它以创新的方式提供了传统的功能，以增值的方式服务于买卖双方的业务。具体体现在以下几个方面：

1. 扩大信息资源的规模，增加销售的可能性。在线交易市场为双方提供了一个全球市场。它是各类生产企业、第三方物流企业和消费者的信息中心。它可以为用户提供大量的信息，从而降低信息不对称所造成的高运营成本，并提高信息资源的规模效率，这种优势是其他的电子商务模式无法提供的。

2. 提高交易的安全性，节约成本。双方可以通过第三方交易平台公平处理有争议的问题，并通过商业和法律手段有效地加以限制。第三方电子商务平台要确认交易者的意思是否真实，以确认合同的真实性、合法性和履行性。此外，如果中小企业选择第三方电子商务平台，可以节省大量的自建网站的硬件和软件的投入，同时也避免了聘请专业技术人员维护网络安全和系统升级的麻烦。

3. 全过程监控与管理。网上交易市场具有电子交易和监控管理功能，它可以有效地监控整个交易过程。

4. 合作平台的选择

由于物质和财力资源的制约，中小企业不能像大企业那样建立自己的网站，没有专门的服务机构。他们建立自己的电子商务网站，不会有第三方平台的大量访问，并且不会有太多的交易量。然而第三方平台提供了太多的信息，该企业的信息会显得不是那么明显；同时，企业之间信息、技术的交流与共享也不是很方便。在这种情况下，企业可以通过协作平台的方式来实施电子商务。

事实上，随着企业内外环境的变化，从"公司竞争"到"联盟竞争"，从"硬竞争"到"软竞争"已经成为一种趋势。此外，企业的创新能力也将成为制造企业的根本活力，成为联盟中的主要砝码或协同作用。创新技术的开发与创新，以市场需求为导向的技术创新、主动创新、组织创新和管理创新将成为制造业成功的基本条件。现在，许多公司通过自己的网站为其他专业网站提供了一个综合性的"小门户＋联盟"供应商服务，如浙江互联网科技股份有限公司的"纵横服务"活动。一方面，中小企业利用在线交易来为企业创造价值，增强行业供应链的竞争力。另一方面，通过制定行业标准，组织中间采购，为行业内的企业提供丰富的信息内容，包括行业新闻、行业教育、招聘等，可以有效地控制 B2B 服务，实现以行业为导向的专业化服务。

5. 电子采购的选择

在企业经营的三大环节，即采购、加工、销售环节。企业在加工销售过程中的潜力不大，而在购买过程中节约的每一分钱都直接是企业的利润，并不需要扩大生产和销售规模。企业利润率提高，制造业中小型化，这就是企业的情况。据调查，原材料采购总成本的40％来自于加工和管理订单相关的交易。网上采购不仅价廉物美，而且还可以减少票据和订单的错误，从而降低了许多交易的成本。通过电子采购，企业可以扩大采购范围，提高采购质量，缩短采购周期。因此，电子采购在最终产品成本结构中起着举足轻重的作用。对于中小企业来说，目前的电子采购仍然缺乏条件，只能作为传统业务活动的辅助使用或在大型企业中实施。

第三章　中国式企业失败的原因

第一节　《大败局》中的中国式企业分析

吴晓波通过对近百位影响中国企业发展的重要人物进行专访写出《大败局》一书，旨在找寻中国企业"中国式失败"的根本原因。该书向世人揭示了许多不为人知的重要秘闻，吴晓波针对其中9家代表性企业的案例进行了教案式的分析。

吴晓波认为，中国企业正处于一种特有的中国式商业环境之中。在之前的三十年内，我国长期处于一个快速转型的时代，法制还在不断建立和完善，冒险的企业家们常常得穿越现行的法律法规才能获取利益，这导致大部分企业时常运行于法律法规的灰色中间地带，企业家不得不面临商业经营之外的诸多挑战。如同作者在文章末尾着重强调的一点：本书所叙述的所有失败都产生于一场空前的重大试验之中。

他在对《大败局》的介绍中讲道："致使我国诸多草创型企业家被'集体淘汰'的缘故有很多。从对众多失败案例的剖析中，我们可以发现最为重要的原因是：中国大部分企业家的体内共同潜藏和滋长着一种'失败基因'。正是这种至今都不被人们重视的'失败基因'，导致他们永远不能超越自我。在本书所叙述的 10 个失败案例中，我们可以发现这些'基因'的存在。"

一、普遍缺乏道德感和人文关怀意识

草创型的中国企业家集体，在某种意义上也可以称之为功利的、不择手段的理想主义者的俱乐部，在此独特的集体之中存在着一种畸形的道德观。通过对史玉柱、吴炳新、姜伟等这一代悲剧人物的关注，我们可以得出一种非常奇特的规律：这些企业家的个人品质和道德而言他们大部分都可以算得上完美无缺，他们的自律甚至可以达到严苛的境界。他们在生活中还十分朴素，吃穿中不讲究排场，不会像那些暴发户那样摆阔嘴脸，他们对人坦率真诚，工作投入认真。而且，他们中大部分还是非常真诚的"理想主义者"，他们对我国经济的发展拥有自己的计划和想法，对中华民族和华夏文化有着浓厚的情感以及使命感，其中一部分草创企业家更是中华民族经济的重要守卫者。但是，当我们在观察其市场行为时，我们所看到的又是另一番风景。这些企业家们对消费者的智商极其蔑视，在推广营销中常常夸大其词，无所不用其极；他们公然无视市场运行规则，面对其竞争对手更是残酷无情，不乏阴谋诡计。然而国内的大众舆论又潜藏着一种蒂固根深的"成王败寇"的审视标准，人们对于那些取得"丰功伟绩"的企业家们通常不会再去追究其获利过程的道德性，这种思想导致了我国企业家们的功利意识不断滋生。这一现象，成了中国很多新生代企业家们走向真正成熟的最为顽固的障碍。本书所要解读的正是，当下种种的蔑视、淡然和不道德，这些最终必定会伤及企业家自身以及他们苦苦经营的事业。

二、普遍缺乏对规律和秩序的尊重

1800 年，J. B. 萨伊这位法国著名的经济学家首次撰出了"企业家"这个名词，他为这个名词这样下的定义："将经济资源从生产力较低的领域转移到较高的领域。"在 20 世纪中期，西方最为顶尖经济学家熊彼特曾简述："企业家的工作是'创造性的破坏'"。萨伊和熊彼特都未从道德的角度对企业家的行为进行规范。甚至在工业文明的早期，恩格斯都有着原始积累的、每个毛孔都充满了血腥的观点。用充满书卷气的固执来坚持对任何市场行为的道德认可，这明显的不切实际的。可是问题在于，当一家企业的经济已经发展到了一种相对平稳的状态后，在宏观经济环境中的道德秩序的建立以及公司内部道德责任的培养，变成了当下必须面对的问题。

一个健康成熟的生态竞争圈，不仅仅是简单地在政府建立的各种法律法规框架内寻找利益，更重要的是应体现法律法规与传统道义以及道德规范的整体协调。然而当下很多的企业家缺乏遵守游戏规则和尊重竞争对手的理念。在维护市场公平的征程中，这些企业家的使命感淡薄，常常信口开河，甚至翻云覆雨。他们是需要对个人、对下属、对自己企业负责任的企业家们，但是却缺乏了维护整个社会和经济秩序的井然有序的最基本的责任感和使命感，正是这种反差才造就了他们个人道德与职业操守的背道而驰的现状。这些企业家中还不乏以"不按牌理出牌的人"为榜样的人。在他们的潜在观念中，所谓的牌理都是为普罗大众设计的，天才如我，岂能被此所限。于是他们开始天马行空，无所禁忌。殊不知，如果人人都有此想法，那么社会还要这些"牌理"干什么？一个人老是不按正常的牌理出牌，那么谁会想要跟这样的人玩牌？一个不按正常牌理出牌的人，即使他能获得超额的利润，那他的快乐也是建立在那些按牌理出牌的人的痛苦之上，他们是通过破坏正常的市场秩序从而乱中取胜。于是，在很多企业家失魂落魄之时，许多人往往冷眼旁观，很少有人挺身而出；还不乏落井下石之徒，很少有人雪中送炭；更有甚者冷嘲热讽，很少有人心生怜悯。

三、普遍缺乏系统的职业精神

深圳万科集团的董事长王石将包括他自有企业在内的新兴民营企业的特征概括为以下七点：一是企业经营初期规模非常小；二是企业可在短期内快速发展；三是创业资金不多甚至没有；四是经营毛利率可观，他们总能找到利润丰厚的行业钻进去；五是企业初期的发展战略还不够明晰；六是创业者没有接受过非常系统的现代企业管理培训；七是企业家在本企业中拥有的权威毋庸置疑。

王石所描述的特征是绝大部分新兴民营企业家和草创型企业家后天不良的根本原因所在。但令人遗憾的是，现在的企业家能像王石这般意识清醒并努力提升自我的实在是寥寥无几，可谓"多乎哉，不多也"。

被称为"现代管理学之父"的彼得·杜拉克1995年出版了书籍《创新与企业家精神》，书中首次提出美国的经济已从"管理型经济"转换成"企业家经济"。并且他认为"这是战后美国经济和社会历史中出现的最有意义、最富希望的事情"。在彼得·杜拉克之后，中国也有经济学家做出过与之相类似的预言，他们高呼中国的"企业家经济"时代已经到来。但是，这样的呐喊明显是过于乐观了。

真正的"企业家经济"时代所具备的特征应该有以下三点：一是这个国家拥有超大量的中型现代企业，它们所具有的蓬勃生命力将会成为国家经济发展的动力源泉；二是企业管理作为一门基本技术广泛应用于企业中，从而划分出一个具有职业操守的专业型经理人层级；三是在市场经济生态圈中已经建立了完备且高质量的道德经济秩序。

如果把以上特征作为标准，我们就可以清晰地看到我国当前与"企业家经济"的距离究竟还有多远。这也正是本书所想表达的一个首要观点：当前中国的企业家们想要成为这个时代和社会真正的主流力量，那么必须首先做好一项比管理创新、技术升级乃至于各种前卫的经营理念都要重要的工作，那就是塑造我国企业家们的职业操守精神并且对我国企业的道德秩序进行重建。

本书并不是想要解释为什么要塑造和重建，与之相反，它正在强调如果不这样做将会发生什么灾难。本书所描述的10家企业的跌宕命运及其企业家的坎坷人生，是以往10年内在中国新兴企业中所发生的最具代表性的10个悲剧。

这些企业之所以走向落败，或许有着各式各样的原因，外部的、内部的、必然的、偶然的，可它们都拥有一个共同的缘由：它们都被这个道德秩序混乱的年代所害，同时，曾经它们也是制造这种混乱的参与者之一。

第二节　中小企业失败分析

一、中小企业脆弱性的根源

（一）大型企业的形成及其对中小企业的排斥

在《资本论》中马克思指出"商品价值从商品体跳到金体上，像我在别处说过的，是商品的惊险的跳跃。这个跳跃如果不成功，摔坏的不是商品，但一定是商品占有者"。可见在以自然分工为根本的产品生产社会中，不管是中小企业还是大型企业都拥有一定的销售不确定性，这已成为商品经济中的未解之谜，即企业生产出了全部产品但是并不能保证其生产的这些产品能被完全销售出去。想要产品被销售出去需要满足以下两个条件：第一所产商品的使用价值必须能够代表购买者需要的使用价值；第二商品价格也需要被社会认可，即企业针对产品制定的价格必须与其生产产品所付出的劳动时间相对等，且在该价格基础上产品要达到社会总供给量与总需求量的平衡。于企业而言，产品能否达到以上两个条件在进入市场前是完全未知的，因为"分工是自然形成的生产机体，它的纤维在生产者的背后交织在一起，而且会继续不断地交织下去"。所以，产品的生产永远都存在着由"价格不确定性"和"需求不确定性"共同构成的"销售不确定性"。

在需求同质化的市场背景下，企业通常采用低价策略来降低"销售不确定性"，即通过不断提升劳动生产率来加强企业压低售价的能力，从而达到降低"销售不确定性"的目的。想要提高生产效率就必须打造规模生产环境，这一条件需要企业投入巨额的固定资产，这样才能使其具备进行大规模生产的能力。因此，为了实现规模生产，每一家企业都在加快汇集固定资产，通过对资本的积聚来促进资本数量增加。其中，在资本汇集中处于劣势的企业，因为不能达到规模经济的条件，从而在价格之战中落败，他们要么被市场驱逐，要么被有实力的企业收购。资本的汇集，加快了资本集中化，资本集中在某种意义上推进了规模经济的发展。资本的快速集中，又在一定程度上促进了资本累积。这一循环过程可描述为：资本汇集→扩大规模→增强价格竞争力→资本积聚→扩大规模→增强价格竞争力→资本累积。通过资本的大量积聚和汇集，市场逐步走向扩大和集中，中小型企业在需求同质化的领域被排挤出局，大型企业的存在领域渐渐形成。资本的大量积聚和汇集不但促进了大型企业存在领域的建成，同时也促进了能够限制价格竞争的且具有较高市场集中度和较高进入壁垒的寡头市场结构的构建。

（二）大型企业的竞争模式

大型企业之间的竞争是基于市场管理和规模经济性而开展的，大型企业为了保障其固定资产投资收益的稳定性，便通过对市场进行管理，即通过需求管理和价格管理，来削弱所在市场的作用，从而达到降低或完全避免"销售不确定性"的目的。

1. 价格管理。大型企业首先会通过对销售价格的管理来控制"价格不确定性"。因为大型企业在其销售市场上已经形成了能够控制价格竞争的寡头市场结构，因此大型企业在与中小企业的交易中可以把事先考虑好的价格强加给对方。并且通过"相互默认协议""绅士协议""卡特尔"等各种价格管理手段来有效管理自己所制定的价格，从而限制"价格不确定性"，达到利润提升的目的。在寡头垄断的市场结构中，大型企业会采取统一的价格行动，在追求实现本行业长期利润最大化的过程中达到自有企业利润最大化。大型企业通常依据产业费用曲线和产业需求曲线交叉所形成的"长期共同利润最大化的价格"来制定自己的产品价格。由于不同大型企业的生产条件有所差异，因此实际价格是以"长期共同利润最大化的价格"为基准线，并在其上下相对不均匀地分布。大型企业其次会通过对采购价格的管理来控制"价格不确定性"。大型企业不但在其销售市场上构建了寡头销售市场结构，而且在其采购市场上也构建了寡头采购市场结构，这大大提升了大型企业在谋求降低零部件采购价格和原材料价格时的谈判能力。这样一来对于向大型企业提供零部件和原材料中小型企业而言，它们首先面临的竞争对手就是向它们订货的大型企业。大型企业把其生产过程中分离出去的一部分业务就被称为"外包业务"，大型企业通过"外包"或"内制"的决策之后进行选择是否采用外包业务，外包和内制拥有着一定的替代关系。当大型企业把外包业务更改成内制的时候，大型企业与中小型企业也就变成了直接的竞争对手。其次大型企业通常会选择多个供应商协助企业运营，从而较好地保障其在供给方面的安全性，这种方法也会使各中小企业之间展开激烈的角逐。再次，大型企业还能让配套协作企业与潜在外包企业之间形成竞争关系。由此可见，中小型企业所面临是一种被管理、被操纵的竞争，大型企业可以通过对这种竞争的管理支配零部件和原材料的采购价格。

2. 需求管理。大型企业首要通过一些促销活动来解决其"需求不确定性"。大型企业拥有强大的资金储备，可以利用这一优势开展商品展示、人员推销、广告等多种促销方式。这样接连不断的信息"轰炸"，会对购买者的主体性进行剥夺，从而降低了消费者对购买产品的选择判断，最终帮助企业达到稳定和扩大市场需求的目的。大型企业其次通过开发新产品和采取多角化策略来降低"需求不确定性"。因为同行业的大型企业之间的制衡会对大型企业在本部门的投资造成一定的限制，因此向其他大型企业所控制的经营领域进行投资时，其他大型企业为保护自有的市场份额同样会采取相应的打击措施，这样一来就形成了进入壁垒。这会刺激大型企业将投资目标转向一些新的需求领域，通过不断创造新需求、开发新产品，从而达到稳定和扩大市场需求的目的。大型企业还可以采用多角化策略，这一策略同样可以起到稳定和扩大市场需求的效果。大型企业还可以通过对外输出来降低"需求不确定性"。大型企业通过进行资本输出和开拓海外市场这两种手段也可以稳定和扩大市场需求。与中小型企业相比，大型企业开拓国际市场的动机要更为强烈，因为对于扩大市场而言进入未开拓的国际市场是绝佳的机会，同时还避免了与同领域或其他相关领域的大型企业发生冲突。

二、中小企业脆弱性的表现

大型企业所拥有的竞争模式，可以帮助大型企业在国民经济中占据主导产业，但同时，也会把中小型企业从国民经济的主导产业中排斥出去。中小企业的脆弱性，包括资本累积的市场适应问题、经营资源问题和剥夺问题。

（一）市场适应问题：价值实现的困难

中小企业的脆弱性其中之一表现在市场适应问题上，即中小型企业难以适应较为快速的市场变化，导致了无法较好地实现产品价值，从而阻碍了资本的累积。主要表现在以下两个方面：

1. 经营资源问题导致了市场适应困难。中小企业只有拥有了市场变化的现场信息，才能够做到快速知晓当下市场的变化。从事现场信息搜集活动需要经验丰富、知识渊博的专业人才，但是由于存在大型企业，这些人才大部分都流向了大型企业，人才资源的不足捆绑住了中小企业搜集市场信息资源的"脚"，并且导致了中小企业无法较好地适应市场需求的变化。

2. 被动地位导致了市场适应困难。大型企业的促销活动、多角化经营以及新产品开发，致使中小型企业处于一种被动地位。大型企业通过强有力的市场促销活动培养了消费者的忠诚度，按照"忠诚心合计为零"的理论，对特定群体的忠诚心会剥夺其对另外群体的忠诚心，因此消费者在对大型企业付出忠诚的同时，也降低了其对中小企业的忠诚。所以即使中小企业开发出新的产品，也会因为名气有限而陷入不能顺利将产品售出的困境。

（二）剥夺问题：生产价值的剥夺

剥夺问题是中小企业脆弱性的另一种表现，即原本应属于中小型企业的价值被大型企业所掠夺。因为大型企业在采购过程处于垄断低位，这使其拥有了较高的谈判能力，在与中小型企业的交易过程中通过压低售价，来掠夺中小企业的生产价值。与销售垄断同理，采购垄断所发生的掠夺是在处于大型企业上游的各个中小企业群中分散完成的。

（三）经营资源问题：价值生产的制约

中小企业的脆弱性还表现在经营资源问题上，即中小企业在人才、资金等经营资源的汇集方面无法赶超大型企业，其生产经营活动中所必需资源更是难于汇集，因此限制了中小企业生产经营活动的正常运行，并且妨碍了中小企业的资本累积。主要表现在以下两方面：

1. 资金问题。银行的销售垄断和大型企业的生产价值剥夺是导致中小企业资金问题的根本原因。大型企业对中小企业生产价值的掠夺致使中小企业的剩余利润不足，从而导致了中小企业内部资金周转困难；中小企业的资金汇集还需要借助于外部资金，掠夺问题影响了中小企业构筑信用和资本积累正常运作，使它们很难通过发行股票等有价证券来汇集社会资金；中小企业在对企业间信用的利用方面也一直处于劣势。中小企业在无法依赖内部资金、直接金融、企业间信用的情况之下，它们只能选择银行。银行在销售中处于垄断地位，因此银行可以把高利息、个人资产担保等这些对自己有利的贷款条件强加给中小企业。由此，不利的贷款条件和贷款的不稳定性还一直存在于中小企业的间接融资当中。

2. 人才问题。大型企业的生产价值掠夺问题和强大的信息传播能力是造成中小企业人才问题的根本原因。生产价值的掠夺问题对中小企业的资本积累造成了一定的影响，从而降低了企业支付劳动报酬的能力，因此大多数高精尖人才都被大型企业所吸引。即使中小企业可以达到与大型企业同等水平的劳动报酬和劳动时间，但是那些骨干劳动力还是会先被大型企业吸引。大型企业持续的、强大的信息发布活动，不仅能够提升企业的社会知名度、获取客户忠诚，还能召唤员工对大型企业的归属感。与之相反，即使在中小企业中员工可以充分发挥个人自主性，并且具有实现个人价值的机会，但是由于中小企业缺乏连续向社会传播信息的能力，导致中小企业的这种魅力无法被社会所熟知，最终其只能依赖于质量与报酬较低的边缘劳动力。

在上述中小企业的三种脆弱性中，生产价值剥夺问题是产生经营资源问题的根本原因，市场适应问题又由经营资源问题引起，所以生产价值剥夺问题是导致中小企业脆弱性的根源所在，生产价值剥夺问题其实也是由大型企业体制的基本特征所决定的。中小企业的脆弱性归结于企业自身的市场适应问题，生产价值剥夺问题和经营资源问题都是通过限制中小企业资本累积，从而降低中小企业对市场变化的适应能力，这最终导致中小企业退出当下市场。

三、中小企业内部控制中存在的问题

（　）管理层没有充分认识到内部控制的重要性

大多数中小企业在管理中缺乏内部控制的概念，内部控制意识十分薄弱。产品销售和企业的生产经营被很多企业负责人坚持为企业的第一要务，他们认为内部控制无足轻重，在有需求的时候再进行补充，或者部分企业即使制定了有关内部控制制度条约却从未实施，或者内部控制制度条约并未以书面形式规范展示。这可以归结于中小企业家缺乏系统的管理知识、自身学历不高等，他们常常自己拍板定案，经营管理策略依据个人判断决定，没有意识到公司治理结构以及内部控制的重要。

（二）企业没有健全的实施内部控制制度条约的内部环境

由于中小企业不具备健全的企业制度，因此无法为内部控制制度条约提供有利的实施环境。首先没有在经理层中建立起完善的约束激励机制。对中小企业而言，企业常常需要承担经理层出现的管理失误，而且没有惩罚这类失误的管理办法，因此管理层为了牟取个人利益很有可能会主张保留这种缺陷，不会试图对内部控制制度进行调整和完善，甚至有人会故意忽略此问题或阻挠改善内部控制制度的措施等，因此内部控制制度非但不会被改善反而会被进一步破坏。其次是存在重大问题的内部控制制度设计。企业生产经营的重要环节和部门未包含在内部控制制度之内，而且控制的严苛程度主要是由管理者的重视程度和经验等主观因素来影响的。如在出纳工作中并未应用之前所述的不相容职务相分离的原则等等，甚至会有企业由一人负责企业的审计、出纳、会计等工作，因此所形成的凭证、报表、账簿等财务资料的质量也大大降低，这也为中小企业某些管理层人员调整操纵利润、编造虚假业务等创造了条件。再次是中小企业拥有特殊的人事管理问题。中小企业更偏向于家族式管理，常常委任领导的亲属为财务人员，聘任职员不会像大型企业或股份公司那样通过严格的考核选拔，所以很有可能会聘任在职业道德、技能等方面不能达标的工作人员。

（三）内部审计制度作为内部控制的重要构成之一，其存在很大缺陷

内部审计部门在许多中小企业中并未设置，或者即使设置了也不能较好的发挥作用。缺乏独立性，受影响于企业业主，审计工作的进行往往依照于领导的意识，工作范围被局限，无法独立审计内部控制工作的关键点。而且有些企业还会安置一些领导的亲属任职于审计部门作，他们大多数不具备专业的审计知识，无法有效监督企业的内部控制制度条约。

（四）内部控制缺乏完善的风险管理意识

许多中小企业家做出经营决策常常根据其丰富的市场经验，从而忽略了不当的内部控制制度所可能造成的风险，如前述企业的一系列违规行为正是由缺乏内部控制制度造成的，这给企业造成了一些不可挽回的损失。

四、中小企业发展困境的自救策略

依靠政策扶持终究不是长久之计，企业发展关键取决于企业自身。面对各种不利因素，中小企业想要实现可持续发展，走出困境，不仅应寄希望于政府政策的扶持，应更多地调整自身顺应大趋势、改善企业的经营策略，通过产业转型和自主创新积极面对。

（一）树立突破困境的必胜信心

中小企业虽然处于较为严峻的发展形势之下，但依然拥有广阔的发展前景。随着深入改革开放，越来越多的机遇出现在中小企业面前，他们有着越来越大的发展空间。在逆境面前，企业家必须要树立坚定的必胜信心，振作精神，勇闯难关，积极应对各项挑战。

当前中小企业存在的发展困境是短暂的，中小企业定会拥有越来越好的发展环境。当下国家正高度关注中小企业的发展，并且会继续出台相关政策来引导、鼓励和促进中小企业的发展，"中小企业成长工程"的实施在国家的"十一五"规划中被提出，目前良好的社会环境将进一步有利于中小企业的成长。在外部需求不断萎缩的环境下，明智之选就是选择走满足内需的道路。我国拥有广阔的发展空间和庞大的人口规模，这些刺激了国内巨大的需求，中小企业要找准商机，适时从出口导向型转变为内需扩大型；紧抓经济转型背景下的发展机遇，树立全新市场目标，不断加大开发新产品的力度，同时加快资本转型和产业转型；企业内部还需深挖改造，调动员工积极性，做到管理改善，成本降低，效率提升。目前，结合实际是中小企业最重要改革方向，需找准突破口和切入点，进一步转变发展方式，从而实现产业的转型。

（二）推动科技创新和技术进步

2008 年国家有关领导在中小企业调研过程中反复向企业强调"转型""升级"的态度，要求把推进发展方式转变和经济结构调整作为我国广大企业着重关注的要点，以提升经济发展效益和质量。日元在 20 世纪 80 年代中期大幅升值，当时日本国内很多企业因无法适应高汇率而纷纷倒闭，然而很多科技型企业却最终取得成功。从这一案例可知我国中小企业只有不断加强自主创新、加快产业升级和科技进步，才能支撑起企业未来的发展。因此，中小企业必须从企业长远利益和根本利益出发推进创新科技，通过研发降低生产成本、加快经济转型和产品升级换代，打造一个高科技、高附加值以及高效益的现代高成长性企业，这样才能帮助企业走出困境获得发展。应变力强、市场反应敏感、转型迅速和转型成本低是中小企业的优势，中小企业应借此淘汰落后的设备、产品和技术，使企业在困境中崛起、加速转型成科技型企业，并培育企业的品牌和自主技术和紧握新的发展机遇。

综上，中小企业应加强建设研发队伍，广泛吸收和培训人才，加大企业科技资金投入，提升企业自主创新能力；加快改造技术的步伐，优先应用先进设备；不断提高产品的质量档次和科技含量，加速开发新产品，提升产品的市场占有率和竞争力，创造自主品牌；技术创新以及获取知识产权要结合产品的市场需求；伴随着生态文明不断建设，中小企业应围绕绿色技术的应用和创新来加速科技进步；尝试促成与强势非竞争企业之间的合作或联盟，与之联合开发技术，从而积累技术力量、提高技术水平；推动科研成果转化，加强与科研机构以及高校间的合作；通过网络技术探索电子商务新的营销方式和营销手段，加快实现传输与共享商务信息。

（三）促进规模经营，形成产业集群

正所谓效益创造于规模，企业要想拥有足够的抵御风险能力和发展能力只有不断做大做强才能实现。在关于企业生存发展的问题上，中小企业家必须加强合作、克服狭隘意识、构建战略联盟，从而扩大企业规模，尝试建立风险共担机制，以有效化解或规避经营风险。

中小企业只有解决融资难的问题才能进一步做大做强。由于中小企业的信用差、规模小，使得投资者的利益难以得到保障，使中小企业缺乏从投资基金、保险、证券等方面获取资金的资质，同时也限制了中小企业从银行获取贷款的可能性。中小企业只有拓展融资渠道、完善财务管理、积极拓展融资创新方式，才能解决资金周转难题。实行公司化经营及股份制改革，有利于借助外资、职工持股、参股、控股等诸多手段将投资主体多元化贯彻落实，有助于利用除担保、民间借贷、银行、信用社之外的股权、债券、物权以及知识产权等来进行融资；通过政府牵头设立的担保基金还可获取中小企业专项贷款项目的支持以及中小企业发展风险基金的支持。

　　遵循市场经济规律也有利于中小企业做强做大，通过同行业以及产业链的适度延伸与适度联合，采用重组、收购等多重方式，不断扩大企业经营范围及规模。还可建立与大型企业之间连贯的分工协作关系，将大型企业作为产业链的核心，利用与大型企业之间密不可分的关系，为自身提供的平稳发展的保障，从而保证其市场竞争力与技术先进性。

　　借助产业集群的优势，中小企业也可做大做强。产业集群有助于中小企业的平稳快速发展，"小企业，大集聚""小商品，大市场"的产业集聚模式就使得浙江省因此闻名。中小企业应按照相关要求，积极靠近相关联的产业园区，打造园区产业密集带，借助园区互补优势以及规模经济促进中小企业快速发展；此外，打造园区企业关联也是分解经营风险的一种有效途径，对保持企业的稳速发展具有重要意义。

　　调查表明，中小企业适应能力还与电子商务程度息息相关。电子商务的技术革新、成本优化、规避风险、信息流畅、管理创新等优点，有利于中小企业借此形成虚拟集群，借助网络进行分工协作，促进形成新型产业集群，打造全新价值链和产业链。除此之外，传统产业集群的竞争力还可因此得的提升。

　　（四）完善科学管理

　　目前，家族企业在我国中小企业中占较大的比例，其缺乏现代企业的制度保障的融资与投资收益，在企业达到一定经营规模后必将面临管理瓶颈。持续推进家族式管理向股份制管理的转化，构建现代化的企业管理制度，是中小企业今后发展的必然选择。

　　中小企业应时刻关注先进的管理理念、管理技术和管理方法，或借助于相关机构的指导和服务，以现代信息技术为核心，积极推行现代化管理；加强对发展战略的研究，时刻掌握国际科学技术、市场动态以及国家宏观经济政策，并对自身及竞争对手的优、劣势进行深入分析，科学合理地确定战略目标；找准企业所处的发展阶段，切实可行地制定管理方案；严格遵守劳动合同制度，保障人才供给和劳动力，优化用人机制，执行竞争上岗规则。

　　（五）创造良好的企业文化

　　从整体来看，真正影响企业发展的其实是企业文化。良好的企业文化有利于企业的蒸蒸日上、长盛不衰，而不良的企业文化往往导致企业举步维艰或昙花一现。当下，越来越多的人主张通过"文化力"推动企业稳速发展。长期以来，中小企业的发展受制于不良文化的积淀以及企业文化建设的欠缺。企业文化不够浓厚的企业，在企业效益下降、威胁临近的时刻，员工的积极性也因收益下降而受挫，从而使服务质量和产品质量受到影响。

解决自身的文化困境问题是帮助中小企业走出困境的首要任务。通过文化建设的加强来整合业务、管理和发展战略；通过借助具有融合性、和谐统一的企业文化，塑造员工心中共同的价值观、使命感和目标感，营造良好的工作氛围，增强员工的生命力、竞争力和凝聚力，提高经营绩效，从精神和智力两方面推动企业发展。企业的信用建设也要高度重视，企业需积极履行其社会责任，只有这样才能树立良好的社会形象。企业还可以开展争当文明职工以及创建文明企业等诸多活动，借此培育反映时代特征的、能激励员工奋发向上的、具有本企业特点的企业精神。

（六）上下齐心、正确行事

企业想要获得良性发展，企业内部必须职责分明、恪尽职守、上下齐心。在企业中，正确的决定由高层做出，决定了的事情由中层做正确。企业的根本所在就是那些基层员工，正确地做事就是他们的任务，细化到每一个具体环节。因此，成功企业的秘诀就是打造一个良性循环：方向、战略正确——正确地部署、落实好——正确地做事。无论企业处于什么发展阶段，都得要制定明确的战略规划，树立可行的短、中、长期目标；依照目标部署具体实施计划和实施方案；准确锁定企业目标客户群体，明确企业的市场重心；为目标客户打造正确而实用、详细而简单的销售计划；经营计划需严格执行，奉行诚信为上。为了实现企业目标还需全体员工共同努力。

此外，对信息的把握和运用程度也将决定企业的成败，因此市场调查应成为中小企业重点关注的环节，市场需求变化的信息企业应及时掌握，将精准的营销策略和灵活的生产策略应用于目标市场，从而在市场竞争中取胜。

第四章　避免出现"中国式失败"——多元化经营

企业为了获取更大的经济效益并实现长期稳定经营，应开发具有潜力的产品，或与其他行业的企业进行合并，以充实和丰富自己的产品及产品组合结构的经营模式被称为"多元化战略"，又称"多样化"或"多角化"。该战略可分为多向多元化战略、复合多元化战略以及横向多元化战略三种。20世纪50年代，著名的"产品＋市场"战略大师安索夫提出了企业多元化战略，它是指企业为了谋求长远发展而在特定发展阶段采取的一种扩张或成长行为。当今世界上的大型企业特别是跨国公司普遍采用多元化的经营战略。该战略具有以下作用：

一、加速企业成长

即迅速扩大企业资产规模以及经营和盈利的规模，利用资本运作达到高成长性市场的资格，从而使资本快速升值。

二、企业现有的资源和优势被充分利用

基于各产业间的相似性，企业的优势和资源能得到充分利用并拓展到现有产业之外。现成技术、企业品牌、市场运作以及研发实力等方面可以体现各产业之间的优势资源共享，企业可以借此将经营领域拓展到其他产业。

三、为企业培育新的增长点

生命周期曲线是任何行业都要面临的。处于步入成熟、即将衰退的行业中的企业必须思考两条出路：其一不断创新企业技术、市场以及管理，帮助行业过渡到另一条上升的曲线上；其二是引导企业进入别的新兴行业，通过当前的资源引入未来的现金。在合适的时刻帮企业脱离先前趋于饱和、衰退的行业，并带其进入更有发展潜力的行业，这就是多元化经营。

四、有助于企业实现规模经济

企业需权衡使用产品要素还是职能要素以获取最低单位成本，即采用最佳使用密度来实现规模经济。专项技术技能、特殊用途的机器设备、专门的信息网络与营销服务等都是导致规模经济的具体要素。企业扩大生产规模，从事多元化经营，能帮助企业占有丰富而优质的经营资源，使其享受规模经济的效益；同时，多元化经营还可以弥补企业弱点，提高赢利能力。

五、加强企业的核心竞争力

由于技术的爆炸性发展，致使企业想要满足不断变化的市场需求不能仅依靠有限领域内的产品和服务，企业更需要向客户提供一揽子的解决方案。在此背景下，公司必须通过多元化经营，将其产业拓展到核心区域之外，为客户提供多元化的一揽子服务，以最终提升企业的核心竞争力。企业通过多元化经营直接控制稀缺资源，从而使核心竞争战略的实施得到保障。

但如果民营企业多元化经营不当，还会导致以下风险：第一是给原有的经营产业带来风险。由于企业资源的有限性，多元化经营意味着企业的原有经营产业将受到削弱。这不仅仅是对资金方面的削弱，还会分散管理者的注意力，它往往会带来严重的后果。第二是市场的整体风险。多元化经营又被理解为通过"把鸡蛋放在不同的篮子里"去有效规避经营风险——正所谓"东方不亮西方亮"。然而，具有广泛关联性的市场经济决定了参与多元化经营的各产业将面临共同的风险，同时资源的分散还加大了这一风险。第三是行业进入的风险。企业在进入新产业之后还必须去学习和培养自己的员工队伍，塑造企业品牌形象，源源不断地注入后续资源。此外，基于变幻万千的行业竞争态势，竞争者的策略也无从得知，企业被迫持续调整经营策略。因此，行业进入风险也成了民营企业所面临的难题。第四是行业退出的风险。多元化投资前企业一般很少考虑到退出的问题。然而，当企业深陷一个错误的投资项目时常常很难做到全身而退，甚至有可能导致全盘皆输。第五是内部经营整合风险。在内部经营整合的过程中，企业作为一个整体，必须要以某种形式来融合不同行业对其管理机制的要求。不同行业间的多重目标与有限的企业资源之间很容易形成冲突，这会使企业管理机制的融合更加困难。除此之外企业多元化经营的风险还来自于不同企业文化之间的冲突。

1990年两位美国企业经营战略管理学家哈默和帕拉哈德在《哈佛商业评论》上首次提出了"企业核心竞争力"的概念。他们认为，企业内部被整合了的知识技能，尤其是协调各方资源的知识技能就是企业的核心竞争力。企业的长期经营形成了其核心竞争力，它蕴藏于企业的内质之中，是企业独一无二的，支撑了企业过去、现在和未来的竞争优势，并在长时间的竞争中帮助企业取得主动的核心能力。产品竞争力、营销竞争力等企业的一般竞争力，仅代表了企业某方面的竞争实力，而影响全局的、处于核心地位的竞争力才是企业统领一般竞争力的核心竞争力。依据不同的表现形式可将企业的核心竞争力分为三种：核心技术、核心能力和核心产品。产品来自技术，技术来自能力，他们之间有着密切的关系。企业的核心竞争力具有三个主要特性，即：①价值性，企业的核心竞争力凭借其战略价值能长期为顾客带来关键利益，长期为企业争取竞争主动权，为企业创造超额利润；②独特性，企业的核心竞争力是独一无二的。企业在发展过程中经过长期培育和积淀，形成了核心竞争力，并孕育出独特的企业文化，这样的特征很难被其他企业所效仿或取代；③延展性，企业的核心竞争力还可支持企业延伸向更有生命力的新兴行业领域。作为一种基础性的能力，企业的核心竞争力是一个可靠的"平台"，它统领了企业的其他各种能力。

企业拥有在多行业良好经营的能力是多元化战略发展的一个重要的隐含假设前提。其实这就是要求企业具备在多个潜在市场竞争中占据优势地位的能力，即核心竞争力。英国学者哈默和美国学者普拉哈拉德曾将实施多元化经营战略的公司比喻为一棵大树，其核心产品就是树干和树枝，业务单位就是那些较小的枝条，果实、花朵和树叶是最终产品，企业的核心竞争力就是维系大树生命、稳固树身的根系。可以说企业成功实施多元化战略的基础与保障就是企业的核心竞争力，它对企业多元化战略的发展有着非凡的意义。

（一）企业多元化战略发展的层次和水平取决于企业的核心竞争力

首先，企业产业发展的深度取决于核心竞争力的强弱。其次，企业多元化战略发展的广度也取决于核心竞争力，它是企业现有综合业务实力的体现，其延展性促使企业具备了跨行业高效处理业务活动的能力，并且多元化战略的发展广度也由此决定。一个企业要想获得孕育独特新产品、在不同市场中获取竞争优势、持续拓宽经营领域的能力，只能通过努力培育企业的核心竞争力。

（二）多元化战略发展只有以企业核心竞争力为基础进行，成功的可能性才会更高

大众认为获得范围经济和分散风险是多元化战略发展的优点。但以企业核心竞争力为基础仍要作为其重点，想要发挥自我优势必须要进行以核心竞争力为基础的多元化战略经营。作为多产业之间关系纽带的企业核心竞争力，能帮企业实现有效益的、真正意义上的多元化战略发展。

（三）进一步保障民营企业主营业务

进一步保障民营企业主营业务的竞争优势也是以企业核心竞争力为基础的多元化战略经营的优势之一，它有利于进一步支持民营企业主营业务的发展，进一步提升企业的经营实力。

（四）建立在核心竞争力基础之上的多元化战略经营有利于保障民营企业在各领域内的发展，还有利于推动企业核心竞争力的进一步发展

以市场管理为核心的企业，为了适应新的发展会不断提高和加强其组织管理能力，提升企业实力，整体带动企业发展。同时以技术能力为核心的企业，会改进技术研发的水平，不断提升技术研发能力。

（五）企业核心竞争力能提供企业进入相关产业领域的潜力

有利于保障企业竞争优势的拓展。因为企业核心竞争力是经过整合关于如何协同不同生产技能和整合多种技术的知识和技能而形成的。

民营企业想要进行多元化经营必须具备以下条件：首先，公司核心竞争力必须要强调创造性与组织学习能力，这样才能够支撑多业务扩张的需求。其次，公司战略必须超越具体业务，从而使公司在战略上重视总体控制与未来远景，避免无战略利润中心业务单元的形成。再次，需要构建具备筛选功能的业务模型以及竞争性的公司远景，打造"多而不乱"的公司业务。最后一点，多元化公司的企业文化需拥有强势的控制力和凝聚力，帮助公司通过共同的理念降低管理成本。

此外，想要进行多元化经营企业需遵循以下原则：第一，不离本行是企业成功进行多元化经营的前提。不管是借助内部多元化还是借助于兼并，围绕一项技术进行多元化经营的公司必然是最成功的。因此，商界的重要生存

法则是"不熟不做"，风险最小的事是企业最熟悉的事情。第二，只投资一个行业是企业成功进行多元化经营的基础。国外许多优秀企业，都仅投资一个行业，逐步培养在这个行业里的核心竞争力，然后在此基础之上再尝试多元化经营。无论实施何种形式的多元化的企业，扩大核心竞争能力都无比重要。企业生存的基础利润和企业的主要源泉是极具竞争优势的主营业务。为了实现规模经济效益最大化，企业需借助自己所熟悉和擅长的主营业务，尽力提升市场占有率，把增强企业核心竞争能力作为首要目标，甚至视为企业的生命，以此为基础再考虑多元化。优秀的企业一般都首先选择自己的核心主营业务作为经营领域，努力提升核心竞争力，在此基础之上再考虑多元化经营。第三，企业核心竞争力是企业成功进行多元化经营的关键。作为一种企业发展的模式，多元化战略本身并无分对错，注重培养核心能力并非指企业必须只专注于某一特定行业，而是把建立核心能力作为支点，实现科学的多元化经营。第四，先做专、再做多是民营企业成功进行多元化经营的要求。因为人才有限、资金有限、所获取的信息有限、管理能力有限，以及关系资源有限等都是任何企业所必须要面临的。如果集中有限资源全力去做某一件事，那么很有可能把这件事做透、做精，做到全国乃至全球最好；但如果分散有限资源到较多的产业，那么很有可能结果是哪一样都不优，哪一样不精。因此，企业必须先做精、做专，才有能力选择多元化的经营战略。第五，企业效益的增长是民营企业成功进行多元化经营的保证。投资的收益率应作为企业多元化经营的标准，只有提高了净资产收益率，多元化经营才算是有效。

最后，要想真正做大民营企业，走多元化战略经营之路将是其必然的选择，多元化战略经营之路失败率高达90%以上，越多元化的企业所面临的陷阱也就越大，因此，培育强大的企业核心竞争力是多元化企业的首要任务，企业在其多元化经营的过程中还需不断加强、培育、提升和维护企业自身的核心竞争力。只有合理管理企业的核心竞争力，才能把企业真正地做强做大，才能使多元化之路成为企业做强做大的成功之路。

下篇　真正的成功

第一章　从信息化企业到企业信息化

日本于 20 世纪 60 年代末最先提出了信息化（Informatization）的概念。首次向人们描绘"信息化社会"和"信息革命"前景的是 1963 年由梅棹忠夫所著的《信息产业论》一书，他将人类推入了"信息化社会"。但当时并未对"信息化"这一词汇有清晰一致的定义。1967 年，在一起研究经济发展问题的日本政府科学、技术、经济研究小组，参照"工业化"概念，正式提出了"信息化"概念，从经济学角度定义其内含：信息化是一种向信息社会前进的动态过程，信息社会是指信息产业高度发达且在产业结构中具有优势地位的社会。信息化反映了物质产品占主导地位转换成信息产品占主导地位的根本性改变。有可能这一定义不太全面，但值得肯定的是，它为后来的"信息产业"即信息化理论研究与实践应用奠定了重要基础。之后，全球信息基础设施（GII）以及美国国家信息基础设施（NII）计划的引进，又重点引发了关于信息化研究在技术层面的探讨。

第一节　信息化的概念

涉及各个领域的"信息化"，其概念外延很广，因而不同行业和领域的研究人员往往具有不同的研究"信息化"问题的角度和出发点，这也导致对于"信息化"概念的表述各不相同。主要有以下几种代表性认识。

（1）利用计算机技术来获取、生产、利用、处理和存储信息被定义为信息化。也就是说，信息化被当作是计算机化与通信化的集合。

（2）信息化是指由人们受教育程度的提高所带来的知识信息的吸收率和生产率的提高，也被称为"知识化"。

（3）信息化就是要将信息技术广泛地应用于人类社会的经济、文化和社会生活等各个领域当中去。

（4）计算机化、通信现代化和行为合理性的总称即为信息化。计算机化是社会组织内部或组织间利用先进计算机设备和技术进行管理的过程；通信现代化是指社会活动中基于现代化通信技术进行的信息流动过程；行为合理性是指人们依据公认的规范与准则进行活动。

（5）信息化是产业结构演进和生产特征转换的动态过程，这是由以物质生产为主向、以知识生产为主转换的过程，是由具有较低效益的第一、第二产业向具有较高效益的第三、第四产业推进的过程。

（6）国民经济发展从以物质能源为基础向以知识信息为基础转变的过程称为"信息化"，也可以说是一种国民经济发展结构框架的重心由物理性空间向知识性空间转换的过程。

（7）从事信息获取、处理、传输和提供信息的各部门在社会和国民经济发展中的作用逐渐增大及其信息活动（包括信息的生产、传播和利用）规模不断壮大，最终超过服务业、农业、工业的全过程叫作"信息化"。

（8）在社会再生产过程中，随着当下社会分工和社会生产力的发展，信息部门和信息生产占据着日益重要的地位、发挥着更加重要的作用，这种社会经济的变化就是信息化在经济学上的意义。

（9）信息化是指信息资源（包括知识）被空前地提高效率和空前普遍地加工、开发、利用以及传播，由此人类的智力劳动和体力劳动也将获得空前的解放。

（10）利用信息技术实现允分的信息资源共享被称作"信息化"，它能解决存在于经济和社会发展中的各式各样的问题。

可见，10 种代表性定义有着不同的界定方式和着眼点。有的更关注物质技术手段，突出强调技术支持和硬件设备，如（1）（3）（4）；有的仅关注知识信息等软件要素，如（2）；有的从经济角度出发，如（6）（8）；有的更加注重信息化的运动过程及其社会结果，如（5）（7）（9）（10）。

综上所述，信息化就是由信息资源开发利用、信息技术推广应用及产业化所组成的信息革命的整个发展过程。信息化伴随人类信息时代的到来所提出的社会发展目标，其实质就是借助人类科学信息技术的高度发展来实现信息的社会化与社会的信息化，从而建立超越旧时代的新文明——信息社会文明。因此，信息化必须具备三个指标，首先是传播方式和信息处理的巨大进步，其次是先进传播方式和信息处理的普遍应用，最后是由此而全方位、综合性和全息性地改造社会状态、社会面貌、社会结构和体制，此项改造内容广泛，包含了信息技术的高度发展和普遍应用以及因此带来的政治的信息化、科学的信息化、军事的信息化、经济的信息化、文化与教育的信息化、社会生活的信息化，乃至人自身发展的信息化等诸多内容。

第二节　信息化的特点

信息化不是一个静止、孤立的概念，它的内涵和特点在不同的历史发展阶段有不同的表现，信息化与信息技术的发展、信息产业的形成、信息产品的涌现、信息市场的完善、信息系统的建设以及信息化社会的出现等现象密不可分。尤其是自20世纪90年代以来，信息化呈现出鲜明的时代特色。

（1）信息资源日益成为战略资源

信息资源是信息化的基础，开发利用信息资源是信息化的核心内容。随着社会、经济和科学技术的发展，社会信息量不仅急剧增长，而且成为现代社会发展的重要支柱和战略资源。

（2）信息技术的发展速度超过了其他任何一类科学技术

信息技术主要是指信息处理技术和信息传输技术。其中计算机技术和通信技术为现代信息技术的核心技术，而微电子技术和信息材料技术则为现代信息技术的支撑和基础技术。近20年来，信息技术飞速发展，使全球信息化产生新的飞跃。信息技术的发展不但速度超过了其他任何一类科学技术，而且它也正在以空前的规模和速度向其他一切科学技术渗透。

（3）信息产业崛起壮大

随着信息技术的发展和社会经济需求的增长，以信息技术为依托，以生产和提供信息产品和信息服务为主业的新兴的信息产业迅速崛起，不断发展壮大，日益成为国民经济的主导产业和全球最大产业，这是全球信息化的一个突出特点。特别是在 1995 年以后，广受重视的国家资讯通信基本建设（NII）出现了向区域信息基础设施（RJI）和全球信息基础设施（GII）发展的重大趋势，以信息基础设施建设为表现的新一轮信息化浪潮正在全球兴起。同时，信息产业正在向多极化、国际化和结构高级化的方向发展。

信息产业的多极化、国际化走向除了与世界政治经济格局的多极化相一致外，还与信息产业发展的一些自身特点相适应。信息产业结构走向高级化源于以下几个推动因素：一是信息产业比任何产业部门都更具有专门化的特点，产品专门化、服务专门化、人才专门化和组织机构专门化，从而使结构效益在信息产业中上升到最重要地位；二是信息产业属高度知识密集型产业，其技术创新和管理创新在各个产业部门之间不呈现均匀分布，往往在某些特定部门首先出现，然后通过结构关联效应逐步在所有产业部门实现；三是日益纷繁的多样化社会信息需求促使信息产业结构变动的频率加快，结构转换能力对信息产业的持续发展至关重要。当前，世界各国都把促进产业结构的高级化作为推动信息产业发展的重要手段。

（4）信息竞争大规模展开

进入 20 世纪 90 年代以来，全球信息竞争大规模展开，围绕争夺"信息高速公路"的制高点和主动权，展开了激烈的角逐。这种竞争进一步拉开了发达国家与发展中国家的信息化差距，这对发展中国家极为不利，甚至造成灾难性的损失。全球信息竞争实际是一场没有硝烟的全球信息战，它关系到国家的主权和信息安全。

（5）信息系统（尤其是管理信息系统）的建设成为企业信息化过程的主旋律

企业信息化是全社会信息化的基础和前提，企业信息化首先表现在企业对内部信息资源的控制和管理，这就需要建设组织内部的信息系统，即挖掘先进的管理理念，应用先进的计算机及其网络技术去整合企业现有的生产、经营、设计、制造、管理，及时地为企业的"三层决策"系统（战术层、战略层、决策层）提供准确而有效的数据信息，以便对需求做出迅速的反应，其本质是加强企业的"核心竞争力"。然而，企业信息化的基础是企业的管理和运行模式，而不是计算机网络技术本身，计算机网络技术仅仅是企业信息化的实现手段。同时，企业信息化建设的概念是发展的，它随着管理理念、实现手段等因素的发展而发展。第三，企业信息系统是一项集成技术。企业建设信息化的关键点在于信息的集成和共享，即实现将关键的、准确的数据及时地传输到相应的决策人手中，为企业的运作决策提供数据。第四，企业信息化是一项系统工程。信息系统建设是一个人机合一的有层次的系统工程，包括企业领导和员工理念的信息化，企业决策、组织管理的信息化，企业经营手段的信息化，设计、加工应用的信息化。还要看到，企业信息化的实现是一个过程，包含了人才培养、咨询服务、方案设计、设备采购、网络建设、软件选型、应用培训、二次开发等过程。

第三节　信息化企业

企业经营信息技术的广泛应用程序，将企业的信息化的操作变得简单，并且易开发，有单品管理、设计及制造简单的计算机支持和建立企业信息的管理系统。

一、信息化企业的界定

要推广企业信息化，需要以下四个企业信息技术方面的要素：（1）拥有非常宽广的企业信息系统；（2）集成系统的最大化核心业务过程；（3）建设综合信息的企业管理和管理信息链；（4）信息系统的广泛利用。

（一）信息化企业的内涵与外延

1. 信息企业内涵

信息化企业内涵主要可以概述为以下内容：

目标：企业进行信息化建设的目的是"增强企业的核心竞争力"。

手段：计算机网络技术。

涉及的部门：企业的各个部门，包括企业的生产、经营、设计、制造、管理等职能部门。

支持层：高级经理层（决策层）、中间管理层（战略层）、基础业务层（战术层）。

功能：进行信息的收集、传输、加工、存储、更新和维护。

组成：企业信息化是一个人机合一的系统，包括人、计算机网络硬件、系统平台、数据库平台、通用软件、应用软件、终端设备（如数控机床等）。

2. 企业信息化的外延

企业信息化的基础是企业的管理和运行模式，而不是计算机网络技术本身，其中的计算机网络技术仅仅是企业信息化的实现手段。企业信息化建设的概念是发展的，它随着管理理念、实现手段等因素的发展而发展。企业信息化是一项集成技术，企业建设信息化的关键点在于信息的集成和共享，即实现将关键的准确的数据及时地传输到相应的决策人的手中，为企业的运作决策提供数据。企业信息化是一个系统工程，企业的信息化建设是一个人机合一的有层次的系统工程，包括企业领导和员工理念的信息化；企业决策、组织管理信息化；企业经营手段信息化；设计、加工应用信息化。企业信息化的实现是一个过程，包含了人才培养、咨询服务、方案设计、设备采购、网络建设、软件选型、应用培训、二次开发等过程。

（二）信息化企业的确定

如何判断信息是企业的重中之重，可以由下面五个方面决定：

1. 企业的基础数值需要正确，且适时有效，信息正确率要能够达到95％以上。由于材料数据、技术数据等中包括了工作中心的数据、渠道数据处理、成本数据及财产数据处理、费用数据等。因此通常通过处理财产数据、费用数据、财产数据、费用能力水平及财产能力水平处理数据、工作材料等，来建设信息化企业。

2. 与企业信息技术相关的所有链接和企业资源的整体价值链管理的有效计划和控制目的不只是为达到信息化企业这一目的。

3. 企业的经营思想、创新管理方法、管理方法、管理机构、经营基础、商业职业、组织结构、过程评价、质量管理、限制、全体职员的素质问题、企业竞争力和企业形象都是由这些方面科学地决定。

4. 在金融方面分析市场预测，强化了经济、财务管理、组织性生产、资源分配、生产周期压缩材料库存、数量的占领、pr降低费用、质量市场销售及客户服务。

5. 需要在企业信息能力和企业管理过程的主要经济指标评价中进行改善，包括移动资产的专属总资产报酬率、配送时间率的销售债权周转数以及顾客满意率。

二、信息化企业的特征

一个良好的系统和综合管理模式，是实现自动化生产过程的网络基础。其包括六方面的信息，即综合自动化、智能化、集成化、网络化、信息化、数字化。

（一）企业综合自动化

公司企业信息化是一个综合性的企业信息化过程。（1）在所有的企业数据的信息数据库中，位于企业数据中心的中心。（2）没有手动操作，公司所有业务流程将在网上完成。（3）在所有业务数据处理系统中，业务智能地形成，且以KPI（关键性能指标）、可追溯性图表和报表的形式呈现。

（二）企业网络信息化

企业信息网络（Internet）包括企业网络的组织结构和运行。

1. 基于网络的商业活动，网络环境下企业信息系统和网络管理的生产、经营和管理活动，更需要电子商务、网络营销方面的帮助。

2. 网络的结构。一定程度的内部网络是网络中几个独立的水平连接单元。外部网络，通过互联网、供应链、物流业和资本市场、资本的信息流，建立企业间的各种合作形式。

（三）企业是企业信息的集成

企业信息集成、研究、开发与整合是企业产品、技术与生产、采购、营销、管理有机结合的有机物体系，更是客户服务的有机体系。因此，应用信息技术，从本地到集成，通过集成计算机集成制造系统（CIMS）来实现企业应用集成（EAI），实现工作与整个集成系统的集成。信息集成同时包含了企业信息集成、过程集成、企业集成、信息集成。

企业信息化生产和管理中的信息和自动化技术，是为了完整地使用这类技术。

第四节　企业信息化

一、企业信息化的概念

企业信息化是指在企业作业、管理、决策的各个层面，科学计算、过程控制、事物处理、经营管理的各个领域，引进和使用现代信息技术，全面改革管理体制和机制，从而大幅提高企业工作效率、市场竞争能力和经济效益。另外，这不仅是企业信息化，还是信息技术的应用程序，并且，在大范围内，涉及企业经营理论、方法和系统（企业管理机构等的技术力，企业职员的质量，甚至管理者的意识形态和设定的信息管理方法和满足系统需要的条件等）的更新和过程。在真正的企业信息化的企业家、管理专家之间形成有机合作，还有的是经济学者和信息技术的专家。在中国的企业信息化、企业重建中应该广泛使用的技术开发、市场发展、产业调整、面向企业的数据通信网络，将电子商务管理、生产过程的自动化、知识的产品设计信息化作为促进企业信息化、国民经济整体信息化的重要部分，并且这是社会整体信息化基础的前提。

二、企业信息化的重要性

（一）企业信息的宏观意义

1. 确保国民经济可持续性地快速发展，加强国家的综合实力。

2. 它帮助企业在进入 WN 之后适应国际竞争。今天，随着世界性的知识经济和信息的迅速发展，企业信息成为决定信息企业成功或失败的重要因素。

3. 可以帮助改善对信息资源的有效利用和开发，增强竞争力和提高经济利益。

4. 为了抓住新世纪的开发机会而做出贡献。我们在知识经济和全球信息技术急速发展的时代。企业信息化不仅是决定企业竞争力的重要因素，也是决定全国生产率和经济增长水平的重要因素。

5. 为现代信息技术的快速发展和开发提供强有力的技术支持。只要抓住企业信息化的机会，就能实现健全的企业发展。

6. 能够实现企业信息的自动化。

7. 企业的技术将循环提高整个行业的技术水平。

（二）企业信息的两个方法的意义

1. 是提高企业核心竞争力和市场竞争的必要条件。

2. 加强了企业的管理。

3. 确保了设计效率的提高、设计周期的缩短和设计质量的提高。

4. 有助于企业减少资本库存，节约材料，减少生产成本。

5. 理解企业业务时间的缩短和企业客户满足度的提高，实现及时的客户需求和订单生产。

6. 有利于促进企业和企业之间的资本实现高速的流动，使资金的运用有效率且有效。

7. 提高企业和企业之间的信息流动速度，实现有效信息的综合利用。

8. 提高企业知识的普及速度，实现知识的及时更新和对现有知识的应用。

（三）企业信息化的意义

1. 企业信息化是开发企业快速发展的前提条件

首先，企业信息化的开发可以实现企业自身的快速发展。企业的目的是最大的利益，他们渴望快速发展。在信息开发过程中，企业信息后可利用产业信息、竞争力信息、产品信息、技术信息、销售信息等，在时间上分析这些信息。

2. 企业信息化的发展帮助实现传统管理模式的转换

首先，中小企业的信息化，是以市场为导向的。信息化要从实际出发，必须明确中小企业发展脉络和发展思路是和大型企业不一样的。相当多的中小企业没有长期的订单和稳定的客户群；管理机制，产品特点，发展设想要看着市场的脸色行事。因此中小企业信息化的着眼点宜放在通过信息化，建立能动的、快速的市场反应机制，优化企业"增量"结构，提升中小企业的核心竞争能力上。那种把企业封闭起来搞信息化的做法，那种按大型企业的方案搞模式搬家的做法，那种先建立封闭的信息化管理系统再实施 ERP 等等的做法，对中小企业来说是不适宜的。其次，信息化人才稀缺，中小企业急需的是复合型人才。这是当前摆在相当多中小企业面前的一个实际问题。电子商务和中小企业信息化所急需的人才是复合型人才。这种复合是一种多元的复合。它包括单科知识和多维知识的复合，网络知识和实战能力的复合，专业知识和市场开拓能力、资本运作能力的复合，企业管理能力和国际商务运作经验的复合。他们对网上信息，应当具有极强的穿透力和判断力，能够由网上一条普通的信息挖掘出显在的商业价值才行。因此，当前中小企业最急迫的是领导层要提高信息化的战略意识，要尽快确定企业信息化的整体思路和发展战略，选准一个切入点，并且开始进行复合型人才的培养和培训。再次，加速中小企业的信息化，应该提倡尽快建立适于中小企业需要的创新服务项目。

3. 可以节省企业开发信息化事业的经费，改善效率

改变了企业信息的传统方法，主要是改善成本和效率。最初，一些企业提倡"卫生办公室"，大幅度节省了企业的成本。建立在企业信息所有链接中的通信条件，可帮助企业使其非效率状况发生变化。如果能实现企业管理系统的信息化，那么经理在任何时刻都可监视部下的工作状态，以提高工作效率。

4. 可以通过企业开发信息，进行平坦的内部管理结构

企业信息的开发将使企业各部门共享企业内信息资源，并将事件从第一个信息发出到决策过程的反馈时间大幅缩短。管理层和部门之间的沟通更加方便。接下来，由于信息管理的作用，良好的管理关系也使得企业内部管理结构变得平坦化，便于企业发展。

5. 可以提高企业信息人才的价值

为了开发企业的信息、提高企业的工作效率、改善员工的劳动环境和工人，不仅要减小劳动强度，而且要以无产阶级形式改善管理，以提升企业转换资源分配的合理性以及效率。另外，我们可以培养现代企业文化去提高自身价值。世界经济发展力度和企业的技术都是要为企业信息化助力的，信息的有效利用能力是企业在激烈的市场竞争中脱颖而出的必要条件。我国的一

些大企业在信息开发的初期阶段就已经开始企业信息化的开发，并且对他们自身的综合能力、内部管理和产业信息的开发能力进行同时优化。

三、企业信息化的发展阶段

企业信息化是国民经济信息化的基础，体现了企业在产品设计、开发、生产、管理等环节中广泛运用信息技术，大力培养信息人才、完善信息服务、加快企业信息系统建设的能力。企业信息化是指企业在各种活动中广泛、深入地将信息技术和信息方法与计算机技术、通信技术相结合的过程。企业信息化不仅是信息技术应用的过程，在很大程度上，其是指企业管理理论、方法和系统（包括企业管理机制、企业的技术力量、人员质量、经理的意识形态和一套符合要求的信息管理方法和系统等）的更新和适应的过程。真正的企业信息化往往是企业家与管理专家、经济学家和信息技术专家之间的有机合作。企业信息化应广泛应用于我国企业重组、技术开发、市场开发和产业调整，以使企业通信网络、电子商务管理、生产过程自动化、智能产品设计、信息服务社会化得到提升。

企业信息化是促进整个国民经济信息化的重要组成部分，是整个社会信息化的基础和前提。所谓企业信息化是指利用电子计算机、通信技术和一系列的现代技术，通过信息资源的深度开发和广泛利用，以提高生产、经营、管理、决策的效率和水平，进而提高企业经济效益和竞争力的过程。从管理的角度来看，企业信息化是系统化的，所以我们一般可以称之为企业管理信息系统的企业信息系统。在本节中，我们简要回顾了企业信息化的发展过程，总结了在这一发展过程中发挥重要作用的管理信息系统的主要特点和任务。

在对信息化的认识上，需要不断学习和提高，企业往往在认识上还只是把信息化建设局限在 IT 技术的范畴，认为企业信息化就是装一些软件系统来使用。这种认识肯定是不完整的，信息化是企业战略的一部分，是通过使用信息技术来推动企业达成战略目标的一种有效手段。信息化能够起到化低效为高效、化杂乱为规范、化复杂为简单、化模糊为清晰等一系列的作用，是一个运用信息技术手段不断对企业的管理和生产流程进行改造和完善的过程。只有当企业的信息系统能够实现上述"化"的作用的时候，才是真正意义上的信息化。从这点衍生开去，我们会把眼光和精力放在如何结合企业的战略和实际情况选择适合企业自身的信息系统来达成企业的目标；从而也会认识到，纯粹的技术手段并不能解决信息化的问题，需要在基于企业战略框架的基础上，把企业的管理和业务需求转化为信息系统可实现的功能和流程，从而形成对企业战略发展的支撑。

对信息化有了充分的认识之后，我们要做的不是急于去市场上寻找信息系统产品。我们需要根据企业的现状及未来发展需要考虑信息化工作如何开展和实施，然后结合企业实际制定一个可行的信息化建设规划。对于尚未有专门信息化职能的企业来说，可以请第三方专业咨询公司来协助完成这一过程，可以少走一些弯路。

在信息化系统着手建立之前，制定一份清晰的信息化规划，需要基于企业未来几年战略发展框架，结合企业的规模、管理、流程、市场情况。在总体规划目标的基础上再划分成若干阶段来进行，明确每一阶段要达成的目标。当然信息化规划的内容可能随着企业的发展也在进行调整，从而适应企业不断变化的需求。

企业信息化的四阶段。如果说你买了一台计算机，在公司里有一个网，这只是整个企业信息化的一个非常初步的要求。我们认为从业务服务角度来讲，企业信息化有四个阶段。第一个阶段只是非常简单地拿到他独有的域名，这是非常非常初步的第一阶段。第二个阶段就是过去一两年我们说 B2B 的时候，经常谈到的企业需要在网站上进行的电子交易。电子交易是大部分企业接触信息化功能的第一步，这一部分只是企业信息化的初级阶段，采用信息化的管理才是我们真正进入应用服务把企业推向一个全面信息化、现代化的阶段，这里面包括了对管理程序和营运架构的改造。到最后，当我们达到智慧型企业的时候，就会发现管理与商务的程序已经全面信息化，这一点包括很多系统的全面改造。企业工作人员把市场信息和公司内部的信息组合在一起做出决定，利用信息技术向市场推广他的产品，这是最终的一个目标。作为一个智慧型企业，只有在这个领域上不断发展才会达到其企业盈利的目标。

实施企业信息化的三个步骤。企业参与和实施信息化的工作用有三个步骤。第一个步骤，建立独有网站以方便内部和对外与外界进行联系和沟通，并作为应用平台的界面。网站介绍自己企业的产品，不单单是为让人家看，更重要的是作为接口让企业工作人员和客户透过这个接口进入到你这个站，跟你做业务上的交往；另外，建立以电子信箱为基础的通信系统，作为内部通讯和对外沟通的主要工具，让整个企业里面所有工作人员都通过邮箱进行沟通和文档的传输。第二个步骤是参与应用服务，建立简单销售和行政管理平台，包括文件管理系统。第三个步骤是全面建立信息化管理制度。

企业信息化的途径。我们用什么办法变成智慧型企业，这里面有三种方法。第一是独立投资进行全面信息化改造，这跟传统的系统集成 SI 方法类似，即利用一些手段把企业各个部门电子化起来，或者把所有部门工作流程都在电脑上进行。这在 IBM 推广大机器年代就已经开始了。第二个方法是使用单独电子商务平台进行局部的电子化改造，这只是整个信息化的一个部分。这有利于使初期进入电子化的企业减少系统开发的投资和时间，跟着应用提供商提供的服务，逐步把自己的企业电子化和信息化。

中国企业信息化工程最重要的含义就是透过全面开放的应用服务体系对传统体系进行应用模式和管理模式的改造，这是中国企业特别是中小企业在进行信息化过程当中可能最需要的，也是我们国家在整个企业建立信息化过程当中最有效的一种实施模式。在推行信息化工程时，有一些中央部门，包括信息产业部、中国人民银行、国家经贸委，一直在推动这项工作。但是，如果我们能有一个更宽的营运环境、更大的空间，可能会更有利于这个行业的发展。在应用环境建设上面，包括认证系统的推广、银行的网络化、网络成本的下降，也有利于加速企业信息化的过程。也就是说加速企业信息化需要政府创造一个更合理的环境，让企业明白信息化的门槛并不是高不可及的。

四、企业信息化的重要意义

企业要想在市场竞争中立于不败之地，必须进行信息化建设，信息化建设水平成为企业获取竞争优势的关键所在。其重要意义表现在以下几个方面。

（一）改变企业的管理模式

传统企业的组织结构臃肿、人员冗杂、信息闭塞，管理决策者与员工之间缺乏有效沟通，部门与部门之间合作不畅。应用现代化的计算机信息系统，对企业所拥有的人、财、物、信息、时间和空间等综合资源进行综合平衡和优化管理，协调企业各部门开展业务活动，有助于提高企业的管理水平。信息化建设可使企业的管理更加细致、更加有序，有利于规章制度的进一步落实，从而提高企业的核心竞争力。

（二）减小企业成本

信息技术的应用，一方面可以大大减少企业的生产成本。通过生产技术的革新，提高了生产效率，缩短了生产时间，从而达到减少企业生产成本的目的。另一方面可以大大减少企业的决策成本。通过信息化的管理，可以将企业由过去的重生产管理向现在的重决策管理转变，将目光投向市场，充分分析市场需求，避免因决策失误而给公司带来重大损失。

（三）降低了培训考核成本

传统的培训方式占用时间多，培训方式枯燥，效果也不够显著。随着网络技术的发展，麦塔在线培训学习系统营运而生，它基本涵盖了传统的学习培训流程、在线学习管理、练习测试管理、学习资源管理等众多管理模块，随时随地就能学习。

企业信息化是国家信息化的重要内容，也是企业改善管理、适应市场需求的重要举措。通过信息化建设，企业能够充分利用内外部资源，不断提高生产、管理、决策水平，进而提高企业经济效益和核心竞争力。

第五节　互联网背景下传统企业的发展趋势

一、全民互联的商业趋势

进入 21 世纪，阿里巴巴、腾讯、百度等互联网企业以势如破竹的速度崛起，随着它们的体量和规模一次次地增大、收益一次次地提升，那些曾经看不起、瞧不上它们的商业巨头们逐渐开始感到这种新模式带来的改变和冲击力，一些企业在焦虑和不安中，来不及转身便被颠覆。而另外一些企业则锐意进取、快速行动，怕自己错过了这股互联网浪潮。

也许有人会说，今天风光无限的百度、阿里巴巴、腾讯（三家公司简称为"BAT"）早早地赶上了 PC 互联网这趟班车，可以高枕无忧了。但是，

BAT的高层领导们也陷入了焦虑之中：马云焦虑微信日渐强大，李彦宏焦虑阿里巴巴收购高德，马化腾焦虑余额宝。一向以淡定、低调著称的李彦宏大声疾呼："中国互联网发展到今天，正在加速淘汰传统产业，所有的传统产业都面临着互联网的冲击。传统产业再不行动起来，估计连怎么死的都不知道。"

诺基亚和黑莓曾是手机行业的巨头，被视为科技创新的代言人。它们的用户数量和品牌认可度足以证明曾经的辉煌历史，然而他们却在如日中天时被颠覆，直至沦落到被收购的命运。今天，站在聚光灯下的是苹果公司、三星和小米。

十年前，戴尔还是计算机行业的龙头老大，其一度还被奉为大学教科书的经典案例，如今却难以在世界五百强企业的阵容中争得一席之地。

拥有全球零售业最先进的物流体系和最优秀IT技术的沃尔玛，虽然没有被收购，但互联网却让其陷入了深度焦虑中。当天猫、亚马逊等网上商城由于房租、物流、成本等因素的降低获得快速发展时，实体店的强大优势荡然无存，困局之中的沃尔玛只能换帅、裁员。

新东方教育科技集团董事长俞敏洪曾在与新浪财经的记者对话时表示，互联网时代的发展对每一家企业都提出了重大挑战，巨头一夜之间就可能被颠覆取代，却毫无还击之力。也就是说过去辉煌的诺基亚和黑莓并不是没有实力，而是诺基亚没有苹果公司的"基因"，所以在互联网时代，它必然被颠覆。同样，实体店没有京东的"基因"，所以在与京东的竞争中处于劣势。企业被颠覆，在互联网时代不是因为商业计划错误，也不是因为执行力不强，而是没有在当前互联网时代所需要的"基因"。因此，俞敏洪大力培养新东方集团在当代发展需要的成功"基因"，以期获得长远的发展。

值得深思的是，陈向东从新东方教育集团执行总裁位置上离职后，成了一名互联网创业者。他准备干一件大事，一件在新东方时期想了很久但做不了的事——用互联网技术直接连接老师与学生，不必再经过传统中介。2014年9月22日，它的创业项目"跟谁学"测试版上线。2015年3月30日，仅仅用了36个月的时间，陈向东便召开品牌与产品发布会宣布"跟谁学"获得A轮融资5000万美金，产品估值达2.5亿美金。

　　互联网的强大之处在于在全民互联的背景之下，可以放弃传承，全力地颠覆和重构。这也让互联网巨头和传统行业变得更加焦虑。尤其是移动互联网时代的到来，和十几年前初进入 21 世纪时的 PC 互联网浪潮一样，这股新的浪潮将给企业界带来巨大的冲击。让人无助的是，一些企业明明感受到了这种威胁，却无从下手，也不知道何时会突然冒出一个颠覆者，其只能在移动互联网的全民化时代陷入重度焦虑中。

　　奇虎 360 董事长周鸿祎说："传统企业面临移动互联网都会感到万般焦虑，原因在于两个方面。首先，对于移动互联网这个概念模糊不清，不知道移动互联网对于企业自身的发展意味着什么；其次，这些传统企业不懂得通过何种手段完成企业的互联网转型。"

　　今天，借助一部智能手机就可以将互联网移动起来，作为移动设备的手机，跟人的绑定程度远远地超过了 PC 互联网时代的电脑。4G 时代的到来，更是大大加速了移动互联网的发展。2014 年，我国移动智能终端用户规模达 10.6 亿人，较 2013 年增长 231.7%，这种规模足以称为"全民互联时代的来临"。

　　时至今日，环顾四周，我们发现无论是企业互联还是个人互联，移动互联网的边界正在快速地、无限地扩大，甚至变得模糊。只要接上互联网，地球上无论距离多远的朋友，都能通过邮件、社交产品取得即时联系；哪怕在偏远的边陲小镇，只要连接互联网，最先进的科技产品、最潮的衣服、大型商场的产品信息都会即刻出现在眼前。而企业也通过互联网的传播，打通了与用户之间的信息不对等性，使得产品与用户之间的黏合度大大提高。可以说，人作为互联网的主体，也通过互联网成为企业的直接用户。

　　这里所说的移动互联网的全民化，并非强调世界上的每个人都在使用互联网，而是强调所有人直接或间接地受到了移动互联网的影响。同时互联网上的海量信息和数据也不断地影响人们的认知。可以说，互联网上的信息本来就是个大宝藏。不但如此，互联网不同于传统媒介，在互联网时代用户接收信息的速度是均等的。

　　由此可见，移动互联网具有无边界性、全民性、传播快、信息量大等优势。这些优势足以让企业紧跟互联网的步伐，实现大作为。

　　首先，对于移动互联网的无界限性，企业可以将其作为走近用户、理解用户的渠道，甚至可以与用户站成统一战线。在这一点上，小米可谓楷模。小米通过 MIUI 论坛，迅速聚集起了大量的米粉，通过与米粉的互动，增强了米粉们对小米产品的黏性。但更为重要的是在小米的 MIUI 论坛中，米粉们可以参与小米产品的改进过程，可以根据自己对产品的使用体验向小米提出改进意见。通过这样的沟通方式，小米的手机系统基本保持一周更新一次的频率。这样的方式，使用户更加乐意参与到企业建设之中，同时这也是一种打破边界的行为，让产品与用户之间产生了更多的联系。

　　其次，根据移动互联网的全民互联性，企业可以调动用户的积极性，帮助其进行免费的品牌推广。我们都知道，2015 年春节，参与度最高的节目不是灯谜、焰火，甚至不是央视的春节联欢晚会，而是阿里巴巴集团的支付宝红包和腾讯集团的微信红包。两家企业都为红包投入了数十亿元资金，虽然到每个用户手中，只有几块甚至几毛钱，这点红包数额可以忽略不计，但不可否认的是，在整个春节期间，大家都甩开膀子，晃动手机参与到摇红包活动中。当然，最后的赢家是腾讯和阿里巴巴，通过这个活动，其微信支付功能和支付宝支付功能得到了宣传，大量网民的支付习惯被培养。

　　最后，借助移动互联网快速传播的特点和信息量大的特点，企业可以在短时间内通过移动互联网传播自己的理念，树立自己的口碑。比如阿里巴巴为自己旗下产品推出的《梵高之死》《疯狂的一亿元》等神级文案实现了病毒式的快速传播，都是依赖于移动互联网传播快、信息量大的特点。

　　总的来说，虽然目前移动互联网发展得如火如荼，但无论是传统企业，还是互联网企业，对于移动互联网的认识和应用还停留在一个比较浅的层面上。比如，若将移动互联网理解为在手机端发布广告和信息，那么我们会认为只需要一个网站自己就可以跨入人移动互联网时代。但移动互联网下全民互联时代的发展潜力和冲击力远远不止如此。

　　全民互联时代，企业要想获得长足发展，就必须向更深处发掘，做到术业有专攻。如此，才可搭上移动互联网这班便利车。

　　二、被悄然颠覆的传统行业

　　移动互联网催生的全民互联时代的重要特征就是服务的人性化、智能化和个性化，以及由此产生的社群经济形态。这些新的特点必然会催生出新的经济模式，今天，传统行业都面临着被悄然颠覆的风险。

率先进入互联网行业的 BAT 也成了移动互联网时代的传统行业，进入了发展的深水区，稍不留神就可能被颠覆。正如奇虎 360 的 CEO 周鸿祎所说，现在的互联网公司打传统企业是最爽的。为什么？传统企业具有大量的资金优势和人员优势，但是在移动互联网时代，这些优势却突然成为传统企业变革的劣势，太多的案例证明，往往颠覆那些巨头企业的并不是巨头公司，而是拥有移动互联网基因的新鲜生猛的小公司。因此有人调侃，互联网公司迅速颠覆传统企业的根本原因不是有神一样的队友，而是拥有猪一样的对手。

当年小米打造高性价比手机时，宣传的风生水起，可是后来却放弃这这一产品。为什么？成本太高、很多品牌的手机也想到了，但是它们利润太少，这相当于自己砍掉利润，革自己的命。在此局面下，等到众多手机品牌商回过神来时，小米早已领先。

当三星的双核手机卖 6000 元时，一些国产手机卖 3000 元，小米卖 1999 元，结果被大家嘲笑的小米依靠高性价比、硬件不赚钱的模式迅速占领市场。尽管今天大多数企业已经将手机的价格降了下来，但小米早已占据了用户的心。

小米像是一个无情的搅局者，打破了传统手机厂商的高利润和硬件赚钱的发展模式，引领手机行业进入发展的新纪元；顺应这个时代的企业将得到生存，反逆者，则只能被浪潮所抛弃。

当前，移动互联网渗透最快的服务业，通过植入移动互联网基因迅速发展，美团、饿了吗、滴滴打车等各新兴互联网公司生机勃勃。总的来说，今天的移动互联网已经成为服务行业发展的基本要素和重要支撑，这也导致了服务行业的产业结构、资源配置和商业布局等方面的深刻变革。

从总体上来说，移动互联网对服务业的颠覆主要表现为以下方面：

首先，移动互联网推进了服务业产业结构的升级。这主要表现为两个方面：第一，移动互联网的出现，促进了社会化的分工，细分了现代化服务业体系，移动互联网与服务业中的某些产业结合便可以打造出一个新行业，比如今天的滴滴打车和快的打车。第二，移动互联网向企业主导型的转变，提升了生产性服务业在整个国民经济中的比重。目前我国工业互联网和产业互联网的概念在兴起。在这些概念下，之前不被重视的商业咨询、第三方物流等服务行业迅速兴起。

其次，移动互联网对服务业的颠覆还表现在引发产业组织的变革。不仅如此，一些黑马型的移动互联网产品横空出世，打得传统服务业措手不及，甚至颠覆了某些传统服务企业的行业地位。阿里巴巴集团支付宝的出现，颠覆了银行。过去，三大电信运营商仅电话和短信两项就获得大量收益，当可以实时对讲、发信息，甚至可以发图片，而不要钱的微信出现之后，大量的用户转向微信，使三大运营商叫苦不迭。由此可见，移动互联网企业的跨界竞争，正发挥着鲶鱼效应，全面重塑整个服务行业的格局。

此外，移动互联网正在引领一种平台经济，为那些经济实力不强的中小服务业提供一种联动的发展空间。在移动互联网时代，世界的联系更为紧密，企业也是如此，即使像BAT这样的巨头也生怕自己的某个薄弱环节被对手击破。通过不断与专业的中小企业合作，打造平台，巩固和发展自己的地位。在这种趋势下，必然会催生大量的中小服务企业与巨头合作，创造出一种联动效应。

最后，移动互联网改变整个产业布局。移动互联网使得大部分农村居民以较小的成本获得服务资源的对接，这必将推动城乡一体化的发展。在之前的城乡二元制结构下。农村和城市的服务业存在着严重的不平衡现象。但是随着移动互联网的发展，服务信息可以通过移动端进行接收，这将大大冲击信息不对称的传统服务业。目前，无论是阿里巴巴还是京东都将战略目光聚焦在农村市场，而阿里巴巴集团的淘宝也催生了众多的"淘宝村"，不仅满足了城市居民对农村特产的需求，而且还增加了农村居民的收入。今天，服务业已经不是城市人的天下，农村居民也可以以较低的成本，在移动互联网时代的服务业上大展身手。

移动互联网的出现，无疑为中国经济的发展注入新的活力和发展空间，同时也加速了众多传统行业的变革。在这种新的变革之下，被颠覆的传统行业只有跟上移动互联网的时代潮流，才能在新时代发出光芒。

三、传统的企业的转变

（一）思想转变

传统企业转变的第一步是接受网络，改变思考模式，要完全把互联网的想法印在自己的手腕上。首先是企业管理层的思想转变，企业管理人员的思想很大程度上决定着企业的发展方向以及策略，如果企业一把手思想转变不过来，会导致资源分配不合理，并使企业网络营销的开展举步维艰。而且，要让企业从内向外地转变思维，只有企业真正认同了互联网化，才会使企业互联网化正常运营下去。

（二）战略转换

以传统企业的网络战略转换为中心包括以下五个方面：商务模型的 C2C、B2C、C2B、O2O 转换，营销战略（品牌构筑和通信市场的促进、通道战略、客户服务）的转换，产品战略 TGY（目标客户组的定义、目标客户核心需求产品定义和实施），提供供应链（供应商、企业、代理、客户）的申请，科尔特过程和过程的组织变化。

（三）投资商业模式

传统企业通常会定义什么是他们的商业模式，他们在定义他们的商业模式时会考虑以下几个方面。

1. 商务机会。挑战是要面对我们现在的商业机会吗？新的商务机会在哪里？

2. 顾客需求的变化。顾客的要求发生了什么？顾客新关心的需求是什么？要怎么做顾客才感到满意呢？

3. 利益模型。新的利益模型是什么？有什么现有的组织和资本能力？我们可以把所需的形状作为核心转换器吗？

在网络时代，企业对待这个思考模式要非常认真。首先，为了挖掘企业客户的真正需求，需要使用新的用户体验，他们将根据模型重新定义他们的产品和服务，进而在这个基础上考虑新的商务机会。

（四）市场模式转换

按照传统企业营销的 4PS 营销理论（产品、价格、频道、宣传）、4CS

（顾客、成本、便利性、通信），在网络时代，是不一定有效的。为了帮助企业增加销售额，必须考虑到企业的作用、粉丝的流动和经济、顾客的经验值。在网络时代，为了互联网更好地适应互联网发展，企业不得不进行市场模式的转换。如今随着互联网入住千家万户，顾客的需求也变得多样化起来，企业必须时刻关注着他们的喜好、年龄、职业、消费生活、消费水平等。然后，根据不同人的需求，向顾客提供个别化的产品和服务。

（五）产品模型转换

顾客有什么样的需求，企业就必须根据客户的不同需求做出转换，比如运动品牌尼克、阿迪达斯、北面等，或者手机的销售品牌苹果、萨姆松、甘甜、华为等，他们的产品设计和开发都离不开以客户为中心。一个好的产品，都是经历了重重磨炼，最终形成了在社会中流行不倒的品牌。由此可见，产品模型转换尤为重要。不同的团队资源结构不同、设计产品所处时间节点不同，市场环境不同，竞品情况不同，所以在讨论先找用户还是先找创作者之前，要根据团队情况，基于团队现有能力和资源，设定预期目标用户和市场，同时分析目标用户在现有平台中的哪些诉求被压抑了、哪些痛点没被满足、哪些痒点没被发现、哪些爽点没被创造。通过精益创业的方式快速与用户交互，做出最小可交互产品（MVP）；通过数据观测和用户回访，判断前期的分析是否准确、误差在哪里，进而调整策略。内容服务平台市场环境中，无疑头条拥有最好的内容分发技术，但是我们也可以参考上面四种弯道超车策略，从工具层面考虑，如错别字纠错、文字转语音、内容创作指导工具等。从利益结构层面考虑，是否可以调整分成比例，将创作者引导到平台中，模仿阿里妈妈超越百度联盟的方法。未来的内容创作者可以和平台结成合伙人关系，利益共享、风险公担。在借势推广层面上，可以找到高势能的活动或者事件，实现借势快速增长。也可以邀请优质的内容创作者，组织参与内测和意见反馈。从本质上来说，内容创作者都是公司重要资源，如何通过规则将创作者绑定成平台的利益共同体，为创作者充分赋能，值得思考。

（六）供应链模式转换

小利益时代的到来和互联网波浪的影响，使传统的企业如同三明治饼干，处于市场和供应商的双重压力下。在这种情况下，要注意对企业供应链模式进行整合与转换，因为对企业来说，供应链合并能力的提高，代表着成本的降低和企业利益的增加。这也不奇怪，现代企业的竞争已经不是个别企业之间的竞争，但在竞争企业的供应链之间，则是供应链的生态系统之间的竞争。

第六节　中企动力的信息化建设进程

随着互联网的成熟，信息技术也不断普及发展，如今，信息化已成为企业提升自身竞争力的必然选择。信息化打破了中小企业与市场之间的壁垒，拓展了国内国际市场，让企业产品更迅速地渗透进消费领域，这有效地弥补了中小企业资源短缺等先天不足，发挥了中小企业专业化营销的特长，提高了其市场竞争力，促进了中小企业的发展。中企动力科技股份有限公司（以下称"中企动力"）是一家专注于为中小企业提供一站式互联网营销服务的企业，致力于帮助每个企业实现数字化智能经营，为广大中小企业提供包含企业网站、行业网站、电子商城、跨境电商、营销推广、企业邮箱、域名、网址等在内的一站式企业数字化云平台。中企动力所提供的服务可以有效解决企业基于互联网环境，企业数字化经营中从"营销→交易→客户经营"的全生命周期服务，帮助企业以更低的成本、更高的效率、更快的反应提升经营效果。

1999 年，中企动力诞生于全球信息技术大放异彩的时刻，奠基于中国经济高速发展的市场环境里。如今，作为业内唯一全部获取 ISO20000、ISO27001、ISO9001 国际管理体系认证的企业，中企动力已服务了包括制造、服务、IT 互联网、建筑与房地产、外贸、物流、零售等 14 个主流行业近百个细分行业的 120 多万企业客户，连续多年获得中国 IT 外包服务市场本土企业第一名，与国际巨头 IBM、IIP 共居中国 IT 外包服务市场前位；设立了遍布中国各地的 80 余家分公司，员工总数逾 8000 人，拥有研发及运营工程师 1200 余人，设计师 1000 人，成为规模庞大、实力雄厚的互联网营销服务商。过去的 20 年，中企动力逐步塑造了一个服务可靠、业务多样、安全有保障、标准化服务的企业信息化提供商的形象，为中国中小企业以低成本、快速利用信息化、互联网技术实现企业的现代化、信息化做出了坚实的保障。

一、业务多样、服务可靠

多年来，中企动力作为一个母体，孕育出包括门户云、推广云、电商云、客户云、行业解决方案等多套产品体系，催生出基于"中企动力云平台"的信息化服务模式，基于开放、开源、标准的技术路线，建立了以用户体验为核心的智能经营服务模型。中企动力云平台将服务对象定位于企业用户，尤其是中小企业。他们的特点是数量庞大，分布广泛，但个体规模较小，缺乏人才及资源；同时，其外部竞争环境恶劣，自身发展方向经常调整，业务多变。在信息化方面，他们的认知有限，缺乏专业的 IT 技术人员，投资预算很少，但又非常渴望通过信息化手段提升竞争能力。中国企业的这些特点，决定了他们在信息化建设方面，既需要持续、有力的保障，又要求低成本、负担得起，而基于"中企动力云平台"的应用服务可能是最适合这种需要的信息化实现模式。

所谓云平台，是指基于行业领先技术搭建的，集硬件、软件、网络基础设施、数据中心为一体的应用导向性服务平台。它将企业的各类信息化需求按功能拆分成不同的模块，以标准化组件的形式集成在这一平台之上。这里的"云"，即指互联网络。云平台所提供的应用服务均通过互联网提供给使用者，"云"中的资源对使用者来说可以随时获取、按需使用、随时扩展、按使用付费。因此，云平台具有开放性、可扩展性，且支持无缝升级；其标准化接口能够灵活对接多种应用服务，使服务内容能够不断扩展延伸。用户可以根据自身的需要灵活选用平台上的各类服务，按使用付费，如同使用水电一样。

雄厚的资金实力、强大的研发能力、专业的 7×24 小时运营维护支持，保障了云平台的安全、稳定和高效运行；庞大用户群体所形成的规模经济效应，则能够大幅度降低单一用户的使用成本，使企业客户真正能够以低廉的使用费获得高品质服务。中企动力还拥有基于 20 年服务企业客户所总结出的行业解决方案，可以为客户提供基于行业特征的定制化营销方案，助力各个垂直领域企业的互联网转型之路，让企业不再为"不会、不能、不知道"发愁。其推出的行业解决方案，已经在企业服务领域内得到了有效的验证。

二、安全有保障、服务标准化

自 2013 年 6 月"棱镜门"事件曝光后，信息安全引起全球范围内的担忧，如今一系列信息泄密事件的频频上演正在加剧这种担忧，从用户银行卡信息漏洞暴露到华为总部服务器遭遇海外部门入侵，在智能信息革命与互联网金融变局发生前夜，各种"安全门"的出现无疑暴露了虚拟世界的最大隐患。

领先的技术实力和完善的运营服务体系是中企动力信息化运营服务理念的强大支撑。中企动力科技股份有限公司在多个主要城市设立了专业的超大规模数据中心，拥有千兆的独享带宽、数千台高性能服务器、专业的防火墙、防病毒网关等安全设施，并在业内率先推出了 7×24 小时不间断的运营维护服务，实时响应客户的需求，即时解决用户的问题。

中企动力科技股份有限公司深谙企业客户的需要，将本地化、面对面、顾问式服务作为其帮助企业客户实现信息化的主要服务模式。多年来，中企动力以直属分支机构为依托，在全国主要城市建立了庞大的专业服务网络，面向客户提供一对一的专业顾问服务，随时了解企业客户在不同发展阶段的个性化需求，为其提供针对性解决方案，并伴随企业信息化建设的全过程，已成为企业信息化的忠实伙伴。

20 年来，中企动力以帮助每个企业实现数字化智能经营为使命，不断提升服务质量。早在 2001 年 7 月，就顺利通过了 ISO9001 国际质量体系认证，成为业内首批通过该认证的网络服务商。2008 年，中企动力科技股份有限公司再次实现突破，全面推出了面向客户的服务品质承诺——服务水平协议（Service Level Agreement），继续领先构建中国企业信息化运营领域的新标杆。20 年风雨历程，20 年华彩篇章，通过 20 年的成长，中企动力用自己的行动，践行着为中国企业信息化服务的理念。中企动力是中国企业互联网化的动力，始终带领成长型中小企业向着互联网智能经营的方向奔跑，其将继续引领中国企业一起追寻那个企业数字化腾飞的梦想。

第二章　成功实现企业互联网化的企业实录

第一节　红领——传统制造业的数据化转变

一、企业的数据化转变

现如今，科学技术和计算机技术发展飞快，许多新的感知技术和自动化技术也开始普及，因此，制造业的市场也在发生这巨大的变化。目前，制造业已经突破了原来的传统经营模式，引进了先进的制造技术，企业正在走向信息化、智能化、自动化。不得不强调的是，企业如今已经朝着智能制造的方向发展，智能制造将是下一代制造业发展的主要内容。制造业逐步转向智能化的主要推动因素之一就是大数据，因此许多企业应用了数据管理系统。大数据的涌现改变着人们的生活与工作方式，也改变着制造业企业的运作模式。大数据是制造业智能化的基础，因此数据管理系统的应用对于制造业企业来说是非常有必要的，只有将数据高效管理，才能体现数据的价值。制造业的数据管理系统中，应包括数据采集、数据管理、数据分析、智能化管理等模块。各个模块相互协作、相互配合，精确有效地管理数据，并且通过对数据的挖掘及分析实现实时监控。我们可以利用生产线以及生产设备上的传感器抓取数据，然后经过无线通信连接互联网传输数据，对生产本身进行实时监控。而生产所产生的数据同样经过快速处理、传递，反馈至生产过程中，将工厂升级成为可以被管理和被自适应调整的智能网络，使得工业控制和管理实现最优化。另一方面，通过检测过程中的数据分析，也可以实时反馈制造过程中产品的质量，以有效地预防不合格产品。因此数据管理系统不仅能够高效地管理数据，也能够帮助企业实现资源的最大利用，降低工业和资源的配置成本，使生产过程能够高效地进行，这也在质量管理工作上为制造业带来了便利。

随着经济全球化的发展，人们的消费需求逐步提高，也越来越讲究个性化，这要求传统制造业突破现有生产方式与制造模式，对消费需求所产生的海量数据与信息进行处理与挖掘。这是一个非常烦琐的工作，需要足够细致才能发掘出其潜在的价值。同时，在进行这些非标准化产品生产过程中，产生的生产信息与数据也是大量的，需要及时收集、处理和分析，以反过来指导生产。不得不说，数据管理系统的有效应用，使得烦琐的数据有了系统的管理，体现了数据的价值，创新了制造业企业的生产流程，带来了更快的速度、更高的效率和更敏锐的洞察力。综上所述，数据信息的分析与使用对于制造业来讲是非常有价值的。而这离不开数据管理系统的应用，它是互联网数据世界与智能设备之间的桥梁，是"信息"世界与"物理"世界相互传递信息的通道。可以说，大数据构成新一代智能工厂，而数据管理系统的应用则更加体现了大数据的价值。

二、红领的数据化转变

青岛红色集团股份有限公司从事服装生产 20 年，公司致力于企业互联网化转型已经很多年。可能说起互联网工业，很多人总是把它和机械自动化联系起来，但是互联网工业不仅仅是指生产线的自动化、无人工厂，其还指利用互联网把工业的元素加进去，以改变工业固定的设计、生产、销售流程。

今年两会期间，李克强总理在政府报告中指出："要制定'互联网＋'行动计划，推动移动互联网、云计算、大数据、物联网等与现代制造业结合，促进电子商务、工业互联网和互联网金融健康发展，引导互联网企业拓展国际市场。"国家已设立 400 亿元新兴产业创业投资引导基金，要整合筹措更多资金，为产业创新加油助力。有人说，我国是制造大国、网络大国，借助这种基础优势，加快传统工业转型升级和模式变革，及时地发展互联网工业，是实现制造强国和网络建设的最佳结合。

"经过公司的不断探索，他们意识到只有把产品变成数据，才能实现在互联网及其各信息系统之间的流动与全程协同。"说起数据，项阳青目光炯炯，他说："互联网工业的关键就是数据驱动。"数据驱动网络协同的制造才是智能制造，无论具体操作的"工人"是自然人还是机器人。因此，青岛红色集团有限公司开启了他们企业互联网转型之路。

（一）数据化转变过程

位于山东即墨的红领集团，近一两年来成了媒体关注的焦点，原因有二：一方面，它真正实现了用工业化的手段完成西装的一对一个性化定制，实现了从大规模制造到大规模定制的转变。另一方面，这家公司的业绩十分抢眼。2014 年，在（成衣）零库存的状态下实现了业绩 150％的增长。关于这家公司的完全由数据驱动的智能工厂，媒体进行了长篇累牍的报道，甚至《新闻联播》也对此进行了关注。红领集团从 2003 年开始，用了 10 多年的时间，投入数亿资金，以 3000 人的工厂作为试验室，对传统制造业升级进行了艰苦的探索与实践，探索出以"酷特智能"为代表的"互联网＋工业"的新模式，为中国传统制造业转型升级提供一种新的思路和路径。

红领集团将互联网技术、数字技术与传统制造业结合，实现了个性化定制服装的数字化大工业 3D 打印模式。这种数字化大工业 3D 打印模式可以低成本、高效率地改造传统企业。传统企业只需增加软件和信息化硬件设备，改造周期只需 3 个月，且原企业的成本与改造后的成本仅为 1：1.1。

大数据支撑起了红领集团的个性化定制，10 多年时间红领集团积累了海量数据，款式数据和工艺数据囊括了设计的流行元素，能满足超过万万亿种设计组合，99.9％覆盖个性化设计需求。板型数据、款式数据库，包括各类领型数据、袖型数据、扣型数据、口袋数据等，衣片组合超过万亿种以上款式组合。建模数据、服装建模编程能满足各种人体数据需求，从最矮的人体 130cm 到最高的人体 230cm，从最小的胸围 70cm 到最大的胸围 200cm，从腰围 256cm 到体重 320 公斤的特体都能在数据库中找到所需数据。在红领集团，整个企业就是一台数字化大工业 3D 打印机，全程数据驱动。所有信息、指令、语言、流程等最终都转换成计算机语言。一组客户量体数据完成所有的定制、服务全过程，无须人工转换、纸制传递，数据完全打通，实时共享传输，真正实现了"在线"工作而不是"在岗"工作，每位员工都是在互联网云端上获取数据，与市场和用户实时对话，零距离服务。数字化大工业 3D 打印模式具备超强的满足个性化定制需求能力，效率质量大大提升，增强了市场的竞争力。

如今，在红领集团的生产车间里，中国制造业关于智能制造的梦寐以求的场景已经出现，这里的电脑比工人还多，每个工位前都有一台电脑识别终端。客户的数据通过红领集团的自动制版系统，完成了自动计算和板型匹配。工人通过实时观测订单的变化，核对订单细节，并把诸如刺绣、扣子数量、扣眼颜色、线号等个性化要求感应录入到电子标签上。红领集团的数据系统在完成板型匹配后，将信息传输到布料部门，根据面料的长宽比例，计算出最节约面料的剪裁方法。然后工人根据终端上显示的面料需求，操控机器裁床完成自动裁剪。剪裁完毕后，已经裁剪好的面料和内衬以及包含客户信息的电子标签被夹在车间上方的吊挂上，进入下一道工序。借助大数据和3D打印模式，红领集团成为中国首批将工业4.0落地的企业。然而对于红领集团而言，所能体现的最大价值，不仅在于颠覆了原有的商业模式、用工业化手段实现个性化定制，更在于它为中国传统低端制造企业的转型提供了数字化解决方案。这种方案可以推广、输出，必将助推我国传统制造业的转型升级。

（二）"红色"产品的改善

公司董事长女儿张玉兰，完全利用规模定制的基础，补充了年轻的才能，开发新开发战略，开始了多个品牌的道路；除了红颜色之外，还包括了多元化的定制品牌，开辟国际市场以将产品打造成国际定制品牌。在定制的形式中，客户可以通过应用程序来直接定制。定制模型开发10年以上后，完成了从红色颈轮、服装制造企业的企业数据转换。

第二节　361°——一款鞋背后的互联网化思维

2014年，361°全年营业收入同比增长9.0％，盈利增近九成。这份靓丽的业绩得益于过去一年361°从品牌、渠道、产品等多个维度的新突破。获国家政策利好，361°童装业务表现出色，其携手百度推出的"智能"鞋履带来巨大想象空间。多品牌战略、基于移动互联网思维的渠道创新也为361°获得了可观的销售订单。

一、品牌渠道创新带来订单

361°业绩的快速增长，与公司多品牌战略的实施不无关系。目前，361°旗下拥有361°、Innofashion尚品牌、361°童装等多个品牌，覆盖不同人群和不同零售通道。市场定位上，361°针对最广大的普通消费者；尚品牌具有欧洲都市街头风格的休闲时尚，受到年轻群体的推崇和追捧；而 361°童装则致力于整合资源、开拓创新，引领着国内童装市场。

历经了行业整体低迷后，在去年 4 月中旬举行的 2014 年冬季订货会上，公司订单两年来首次取得增长。加之近几个季度公司同店销售连续取得增长，使得公司 2015 年的待交付订单数据强劲。同时，随着店内库存水平渐趋正常，零售折扣亦有收窄。据介绍，上一年度 361°分销商并无退货，由于零售门店销售持续强劲，刺激了分销商及零售商增加订单，进而带动营业额及批发售价按年上升。其中，服装及配饰的平均批发价分别上升 8.2％和 26.4％。渠道创新对业绩增长功不可没。前几年，运动品牌往往以授权分销的模式经营业务，产品由区域授权代理公司到分销商，再到授权零售商的店面最后到达消费者手中，供应链冗长。至 2014 年年底，361°集团共有 31 家授权分销商，直接管理和控制着约 3141 家零售商，2014 全年授权零售商合计新开了 1384 间门店，关闭 1364 间门店。时代的发展带来了各种新变化，这要求企业必须颠覆传统的思维模式，完全可以根据互联网时代用户消费形态的改变去"中介化"，缩短供应链中间环节，降低运营成本。

二、智能童鞋提升品牌价值

除了扩张销售网络以外，361°亦力透产品开发，研究创意产品以突出自己在同业的地位。自 2014 年开始，361°和百度这两家行业的领头羊就积极寻求创新与突破，在移动互联网及智能硬件大潮的启发下，开始一起探索能够更好呵护中国儿童成长的解决方案。经过一年的研发与制造，361°去年 9 月和百度签订战略合作协议，随后于今年 1 月推出 4 款和百度合作研发的智能童鞋。这一系列智能童鞋采用百度的鹰眼技术，配合百度地图 LBS 平台开放服务，具备精准定位监测。这类产品对于饱受拐带儿童新闻困扰的中国家长特别有吸引力。虽然产品在短期内不会对盈利带来重大影响，然而这些产品反映了 361°设计师的创意及对消费者需求的快速反应，长远来说将提升 361°的品牌价值。投资者亦会因管理层锐意加强竞争力而调升估值基准。在 361°品牌总经理赵峰看来，在经济新常态下，传统行业必须从市场导向出发，要用移动互联网的思维去研发产品，解决信息不对称问题。在互联网时代，新的媒介环境和消费者的行为习惯，导致品牌和消费者的沟通方式发生了巨大变化。百度利用自身的优势，将先进的互联网技术注入鞋服产品的研发，可以帮助 361°获取更多实时的、真实的消费者行为数据，准确把脉消费者的需求，真正实现人与服务的链接。值得一提的是，361°童装自推出市场后业绩逐年上升。2014 年，361°童装授权零售门店数由去年的 1858 家增至 2142 家，公司预期童装分部市场需求将持续强劲。361°透露，未来与百度合作的模式或将拓展至其他可穿戴产品。

第三节　芬尼克兹——一家空气能热水器公司的信息化转变

芬尼科技（PHNIX）成立于 2002 年，独创"裂变式创业"模式，用人民币选举总经理的方式先后裂变出 8 家子公司。近日，万户网络与广东芬尼克兹节能设备有限公司签订了网站建设合约。2010 年成立芬尼电器，在国内率先开创从制造商直接到消费者，在互联网上直销家用空气能产品的 O2O 商业模式；2014 年打造亲热 PHNIX 品牌，在采暖行业首创共享经济的商业模式。如今，芬尼克兹已经是一家拥有 11 个子公司、1000 多名员工、800 多家体验店、年产量超过 8 万台、产品销售到全球 70 多个国家和地区的国际性集团公司。它是如何在 13 年内实现巨大跨越的？这一切与创始人宗毅的"社群经济学"密不可分。

一、产品维度：要的是极致和尖叫

2002 年，在传统空调行业积累了 10 年经验的宗毅决定自立门户，创办广州密西雷电子有限公司（芬尼克兹前身）。他说："我们企业从非常传统的制造型企业起步，实际上是中国传统制造业苦逼型的代表。"当时传统空调行业技术门槛不高，利润薄如刀，海尔、美的、科龙等依靠规模取胜，成为行业巨头。宗毅初期以企业活下来为基础，为华菱等国内外厂商贴牌生产家用空调。随着空调行业收购与兼并不断，整个市场面临大规模洗牌。在这种形势下，若不做出改变，依靠代工起家的密西雷将很快湮没于市场剧变的大浪潮中。宗毅开始主动寻找差异化机会，将研发方向渐渐集中在技术含量高、竞争对手少、利润高的专业空调上。恰在这时，他相中了热泵技术。"热泵"是一种新能源技术，它从周围环境中吸热，并传递给被加热的对象。和传统的电加热方式相比，热泵更节能环保。互联网时代，企业首席执行官（CEO），首先必须是一位优秀的产品经理。宗毅敏锐地发现欧洲市场对家用型泳池热泵需求很大。当时只有美国供应商能生能生产这类产品，而且主要为大中型商用泳池提供设计，不符合家用需求。宗毅带领研发团队全力开发出适合家用型泳池的热泵产品。在"产品为王"的时代，芬尼克兹推出的家用型热泵产品，因为满足了用户刚需，且产品工艺精良、故障率低、能效高，符合欧盟环保要求，很快在欧洲市场热销。为了将做极致产品的理念延续下来，2006年，宗毅将低端的传统空调生产线全部砍掉，全面转型热泵、商用制冷设备、高端商用空调等高端产品线，并向有未来前景的风能、太阳能等新能源领域延伸。凭着这套打法，芬尼克兹很快成为全球泳池热泵这一高端细分市场的巨头，彻底跳出传统空调的"红海"。

二、服务维度：打造极致售后服务

除了打造令人尖叫的刚需产品，宗毅还致力于给用户带来超预期的服务。芬尼克兹拥有专门的客户服务中心。每当有消费者购买产品后回访专员会将客户的产品安装保修卡、产品维修凭证录入客户关系管理（CRM）系统，并会在10个工作日内进行电话回访。回访的内容主要包括产品质量、安装质量、使用效果、维修员态度、电话受理人态度、维修及时性、故障解释是否清楚等内容。若用户有问题投诉，芬尼克兹还会根据投诉内容在3个工作日内回复投诉处理情况，并在月内对用户进行100%回访。如果有售后服务人员对重要投诉处理不当，芬尼克兹则会根据公司内部相关制度严肃处理，以确保用户满意。作为领军企业，芬尼克兹在行业内首推"6.5年全免费包修"的服务政策，在市场上赢得了极好的口碑。除此之外，芬尼克兹还多次举办核心售后服务商培训大会，专门对来自全国各地的集团驻外售后服务机构及核心售后服务商进行培训。培训内容包括售后服务政策与流程、产品功能与系统原理、机型安装与故障排除、现场实体机安装观摩等多个环节。这样的培训活动极大地提升了芬尼克兹售后服务质量，也有利于建立及时有效地反馈和响应客户需求的服务机制。

三、传播维度：参与感和体验感

当芬尼克兹的用户积累到一定数量，宗毅开始谋划把产品和品牌传播到更大范围。宗毅是互联网社交圈里的活跃分子，深谙互联网传播之道。为了培养出一批死忠粉丝来自发传播，他将参与感与体验感合一，多次利用"宗毅大观"微信公众号推出个人和企业的粉丝交流活动。2014 年 7 月，宗毅和队友自驾特斯拉穿越 5750 公里，在 16 座城市捐建 20 个充电柱，打通了中国第一条电动汽车的南北充电之路。这一事件让他火火了一把，瞬间赢得大量粉丝，霸占了汽车媒体的头条。2014 年 8 月 23 日，芬尼克兹在南沙工业园举办第一届粉丝节，来自全国各地的 17 名铁杆粉丝通过参观、体验和听证等活动深入了解芬尼克兹的产品和文化。粉丝节极大地拉近了企业与用户的距离，通过互动给用户带来良好的参与感的同时，芬尼克兹还根据用户的实际需求，对技术和服务做出改进。在这次粉丝节之前，宗毅发起多次"芬尼粉丝走天下"的活动，他亲自带领铁杆粉丝组成自驾团，到欧洲、美国等多地进行自驾旅游活动，一位花 8000 元购买产品的用户可能享受到超过 5 万元的旅游服务，这种参与感十足的活动被网友誉为"史上最强悍的粉丝福利"。与之类似的活动还有"互联网大篷车""芬尼粉丝嗨聊会"等，这些为宗毅及芬尼克兹带来大量的粉丝。为了进一步增强粉丝的参与感和体验感，宗毅还要求员工主动去粉丝家中拜访，或者邀请忠实粉丝参与公司产品改进和设计优化。例如通过官网上传的用户反馈制作出数百条使用体验视频，让那些不了解芬尼克兹的潜在用户对企业文化及产品也有一个良好体验，并将他们顺利转化为粉丝。与许多传统企业渴求的粉丝经济不同，宗毅看得更远。他不希望把辛辛苦苦积累起来的粉丝"卖"了，而是想继续经营细分——玩的不是粉丝经济，只为挑对人。毕竟，对于芬尼克兹这类缺乏重复购买条件的大家电，粉丝的口碑和病毒式传播效果远远大于过去打广告。未来的商业社会中，品牌与用户更像一种朋友关系。在宗毅看来，靠"卖"粉丝赚钱是图一时之快，只有细水长流，将粉丝变成朋友，才能确保企业拥有长期稳定、源源不断的订单。因此，宗毅在经营粉丝阶段并没有利用粉丝赚钱，而是通过一些倒贴钱的活动来加速粉丝往社群进化的过程。当芬尼克兹的粉丝达到一定数量，并根据地区、兴趣等属性细分成一个个社群时宗毅这才开始考虑如何对公司的盈利模式进行一次变革。在这一节点，过去科层制的企业组织形态成为最大阻碍，宗毅急需组织再造来为社群之路扫清障碍。于是，他创造性地提出"裂变式创业"：通过内部竞争选拔出一批优秀的员工成立新公司。2010 年创立的芬尼电器就是裂变出来的公司之一。

第四节　荣昌洗衣——中华洗衣网的诞生

洗衣行业是一个传统又有些无趣的行业，但荣昌洗衣总经理张荣耀却把洗衣服变成了一件好玩儿的事情。而他们的秘诀就是通过移动互联网升级服务方式，同时非常善于跟消费者发生互动。在微信公众平台上，通过"荣昌 e 袋洗"下单，快递人员会在约定的时间内上门取件，统一标价 99 元一袋，用户不需要计件和填写表格，只需要在荣昌袋子里塞下足够多的衣服，就完成了下单过程。在北京酒仙桥丁香园内的荣昌洗衣 O2O 示范中心，每袋衣服进入工厂之后，都会经过配有监控录像设备的操作台，有工作人员将袋中衣服分类、在每一件衣服上打条扫描编码，识别衣服的区域、位置、所有者信息。用户会在微信上收到一份清单，包括袋子里有几件衣服、哪件有破损、如何处理等。衣物随后会经过流水线式清洗和细分化熨烫过程。在最后的质检环节，工作人员会检查清洗和熨烫效果，最后完成打包、上挂，衣服经过扫码机会自动识别区域，最终装入配送车完成配送。荣昌洗衣在北京的这座现代化洗衣工厂每天完成的清洗量都在 1 万件以上。洗衣行业是一个传统又有些无趣的行业，但荣昌洗衣总经理张荣耀却把洗衣服变成了一件好玩儿的事情，荣昌 e 袋洗会评出周袋王、月袋王、年袋王，将获胜者放在微信公众平台上公示，最新纪录的袋王是平时洗衣报价的 738 元。

一、家族企业的艰难转型

尽管连锁加盟让荣昌迅速发展，但张荣耀却很清楚连锁加盟模式的弊端，荣昌也会在未来遇到无法解决的困境。连锁加盟是一种重资产模式，每家店都必须带有洗衣设备，一家店的投资在 60 万～100 万元。每家店都需要懂机器运作的店长和员工，人才培养需要花费很大的时间成本，而后来荣昌所开洗衣学校的培训学生还没毕业，就已经被同行挖走了。连锁店就像是一种房地产的生意，适合的店铺资源总会越来越少。因此，尽管表面上有很多的加盟店，但现金流却并不掌握在荣昌的手里。给张荣耀冲击最大的事情发生在2000年。2000年3月，这个传统的行业开始吸引风投的目光，张荣耀与高盛沟通的时候，极力掩饰自己的问题，但高盛所提出的问题都恰恰说中荣昌的隐疾，张荣耀才意识到问题的严重性。7个月之后的2000年10月，荣昌洗衣与新浪网合作，做网上洗衣，这是荣昌洗衣的第一次互联网尝试，尽管配送系统和支付的问题严重制约了业务的开展，但这次合作却让张荣耀明白了一个道理：行业只是载体，荣昌洗衣真正的价值并不是干洗机和洗衣技术，而是荣昌的用户和数据。但在十几年前一个非常传统行业里，张荣耀在公司内部很难找到可以商量和实施的人。同样的，在企业内部，荣昌洗衣也同样有亟待解决的问题，当时家族四位成员各持一部分公司股权，罗学玲30%、张荣奎25%、张荣科25%、张荣耀20%，而VC投资的前提则是厘清股权结构，家族企业必须转型成为一个拥有现代化股权结构的公司。2002年，张荣耀带着企业发展的瓶颈和困惑进入中欧国际工商学院读EMBA，系统地接触到了现代化商业逻辑。张荣耀几乎在每一堂课上都拿出自己企业的案例，请老师和同学出主意，他也开始酝酿公司的转型。因此，从中欧国际工商学院毕业之后，张荣耀希望通过"一带四"和"联网卡"的模式，将原来B2B的荣昌转变成一家B2C的企业，也随之完成公司股东团队和股权结构的调整，但这次转型却经历了比预计更长的时间。2004年8月，张荣耀在北京郊区开了一场内部会议，讨论公司转型，也从李宁公司请来一位副总加入荣昌做职业经理人。但没过多久，他发现这次转型挑战了董事会里所有原始股东的利益，商业模式的转变牵扯到太多的因素。"就相当于过去在做房地产，如果转型做联网卡就相当于在做物业，物业虽是无穷尽的，但是可持续的代价就是短期利润率降低"。也是从那个时候开始，荣昌洗衣开始进入最混乱的3年，张荣耀的很多决策都受到了质疑，原始股东之间对于公司的发展方向产生分歧，在那期间伴随着荣昌洗衣的股东产权之争，问题一直无法解决。那个时候资本市场并不畅通，房子和股票都在疯狂上涨，没有人能找到钱置换股份，"品牌就像是钻石，很难分割，摔在地上一文不值"，张荣耀眼看这个企业开始坠入深渊，媒体上全部都是负面的信息，加盟店开始撤离，员工也不断离职。张荣耀回忆道："那个时候我非常痛苦，身体也不好，做了腰椎间盘突出的手术，在床上躺了近两年的时间，就像自己想要做一件大事，看到了光明，可精神支柱却被抽走了。"纷争一直持续到2007年底，最终家族内的其他股东退出荣昌洗衣，张荣耀也才完成了公司董事会的重建。

二、移动互联网的O2O道路

在完成了公司股权改造之后，2008年荣昌洗衣拿下奥运洗衣服务商，逐渐从股东斗争的低迷里恢复，2008年9月遇到经济危机，在新的董事会刚成立之后的两年，荣昌洗衣采取保守战略，把主要精力放在完善公司的管理制度上，并建立运营体系。直到2010年，荣昌洗衣也才开始沿着2004年计划中的方向继续向前走，真正开始互联网转型。张荣耀采取了欧洲的一带四模式，一家配备洗衣设备的门店会辐射到多家小型门店，只有一家店配备洗衣设备，完成洗涤，而剩下的四家店可以覆盖至少四个社区，负责收揽衣服。这样一来，原来的连锁加盟模式也开始转变为一家加盟设备店配置四间直营店的社区服务模式，直营店成本极大降低，而五个店只需要一个店长，完全解决了过去重资产、人才缺乏的弊端。与此同时，荣昌的全部举措都开始围绕终极顾客的需求展开，荣昌洗衣也开始发行在其旗下两大品牌荣昌和伊尔萨所有门店通用的"联网卡"，用户的洗衣需求不再受制于过去的地域局限，出差在外的用户都可以方便地在全国各地使用联网卡洗衣服。联网卡也变成了荣昌洗衣的第一款O2O产品，用户在大众点评或荣昌的网站上买一张卡就可以在各个门店里完成消费。这个产品也重新塑造了荣昌的利益分配方式，每家门店根据"联网卡"的消费情况来和荣昌公司进行结算，加盟商洗衣满意度排名也以用户满意度做排名，并以此进行资源分配、淘汰加盟商，现金流得以集中在荣昌总部。现在的荣昌洗衣拥有"荣昌洗染""伊尔萨洗衣"和高端奢侈品养护"珞迪"这三个子品牌。张荣耀认为："如果荣昌洗衣是苏宁易购，而荣昌－伊尔萨则是苏宁电器，两个品牌平行发展。"其中荣昌洗染的"一带四"门店模式已基本实现直营，伊尔萨以传统加盟模式为主。2011年之后，张荣耀发现公司里每个人都在使用微信，这是一款让他兴奋的产品，张荣耀也随即推行"云洗衣"，用户可以通过"荣昌服务"和"掌上洗衣"的微信就可以实现下单，享受洗衣服务。他一直想如何让用户的参与更容易、更简单，不要让用户烦恼，于是就做了 e 袋洗，与用户在微信上直接沟通互动。其实"荣昌洗衣是基于用户需求的居家服务经营商"，这是张荣耀在四年半之前就打出的品牌。他认为："洗衣服就像小米的手机，先从小米手机切入，然后再卖别的周边产品，就会很容易。"现在，张荣耀正在把洗衣店变成居家服务站，在服务站里除了洗衣服务之外，用户如果有商品配送、地毯清洁、窗帘清洗、甚至是代驾等需求都可以直接通过移动端等方式传送到荣昌信息系统，系统会自动将订单分配到相应的门店，工作人员会在约定时间内上门提供服务。2014 年 6 月 15 日，荣昌洗衣在微信上首推空调清洗服务，一下子就有了 200 多个用户，在洗空调等家政服务领域，荣昌与优质的第三方服务机构合作，同样根据用户的满意度排名，完成淘汰和更新。这么多年以来，张荣耀都充满了自我革命的精神，他用了 10 年的时间把荣昌从一个家族式企业转变成一家现代化的股份制企业，经营模式也从最初的技术联营、连锁加盟变成现在的直营模式。可以说，互联网对于荣昌洗衣的影响是颠覆性的。现在荣昌洗衣 CEO 陆文勇是一位来自于百度的 80 后年轻人，张荣耀则主要在做资源整合，构建互联网产品，以协调和打通每个相关利益链。张荣耀经常说："10 年前，如果我离开荣昌，这个企业也许就完了，但 10 年后，同样的情况发生，我相信荣昌依然会活得很好。"多年以来，张荣耀对于服务一直有很原始的热爱，他说："我每天都在服务别人，想尽办法把服务做到极致，这样我就觉得很有成就感。"在这个行业里走了 20 多年，现在才遇到了行业发展最好的环境，荣昌快速发展的机会也来了。

第五节　企业信息化发展的主要理念

当前，中国企业面临着适应经济新常态的重大挑战，如何推行网络化、智能化制造、加快"互联网＋"行动提高生产要素配置效率、促进社会协同创新，成为企业发展转型升级的首要课题，企业信息化建设势在必行。赛迪顾问认为 2018 年企业信息化建设面临以下几个发展趋势。

一、信息化应用呈现集成化、移动化、智能化

云计算、移动互联、物联网和社交网络技术的蓬勃发展，正推动企业信息化进入一个全新的阶段。总体来说，企业信息化应用将呈现出集成化、移动化、智能化的趋势。集成化应用打破了"信息孤岛"，信息系统真正成为有机整体；移动应用突破了时空限制，多终端随时随地访问系统，将显著提高协同效率；大量采用智能化技术，可使应用系统操作更人性化、体验更好。

二、大数据成为企业信息化建设的新热点

数据的爆炸式增长已超出了传统 IT 基础架构的处理能力，给企业和社会带来严峻的数据管理问题。因此必须进行大数据的规划和建设，开发使用这些数据，以释放更多数据的隐藏价值。通过大数据战略规划，可以帮助客户明晰大数据建设的整体目标、建设蓝图，并将蓝图的实现分解为可操作、可落地的实施路径和行动计划，以有效指导企业大数据战略的落地实施。

三、人工智能等新一代信息技术加速推广应用

人工智能等新一代信息技术将对企业的创新发展产生一系列深远影响，未来企业之间的竞争，一定是信息化水平的竞争，决定着企业未来的核心竞争力。如未来智能客服可能代替人工客服，强大的场景数据库和大数据分析使智能客服帮助客户快速解决问题，拥有同时接待上万人、全天候在线的工作能力。另一方面，智能机器人也会广泛应用，其可以智能识别障碍物、进行实体轨迹预测、重新规划运动路线等。

四、信息安全在信息化建设中受重视程度提升

随着计算机信息网络建设的不断发展以及各类应用的不断深入，企业的经营模式已经由传统模式逐渐向网络经济模式转变。网络的开放性、互连性、共享性，以及随着远程视频会议、远程现场监控等新兴业务的兴起，使得信息安全问题变得越来越重要。目前，很多企业都意识到了信息安全在提高企业核心竞争力方面的重要作用，并持续实施信息安全整体解决方案，以信息

网络、信息系统、数据、办公计算机和移动终端为防护对象，从管理和技术角度设计和建设信息安全项目，大幅提高集团公司对信息安全事件风险的预警和响应能力。

五、提升 IT 管理能力成为未来企业关注的重点

随着企业信息化建设、应用的不断深入，企业内部的信息系统也具有较大规模，运行在信息系统上的各种业务越来越多。因此，IT 自身管理能力提升以及 IT 服务的标准化、规范化将成为未来关注的重点，企业应全面加强 IT 管理与服务体系建设，设立统一的 IT 服务管理机构，对信息系统运行维护实行直接式管理，以提高工作效率、加快反应速度、增强执行力度，进而确保信息系统安全、可靠、稳定运行。

第三章　传统企业转型成功的案例

第一节　传统企业利用互联网成功转型的方式

现在是一个互联网经济的时代，这几年互联网的快速发展致使很多传统企业面临困境，因此有很多企业急于转型，但是大部分都面临以下几种问题：想做，不知道怎么做；想砸钱，不敢砸钱；花了钱，没效果；怀疑不适合互联网；招不到专业的团队。

中国企业正在进入一个新旧社会交替的时代，自从互联网、移动互联网、大数据、云计算、3D、人机智能等新技术广泛应用，商业社会正在以跨越式的进化方式改变我们曾经熟悉的一切。从消费到供给，从经济到管理，从个体到社会……处处是冲击。"互联网"似乎已无时无处不在，对传统企业而言，如何利用互联网思维完成转型？

一、目标的进化：从做加法到做减法，占领细分领域的制高点

工业时代的经营目标追求的是规模化，是大而全，是全产业链控制，大

就是强。而在互联网时代尽量要做到小而美，掌握你自己的核心竞争力，非常关键。工业时代讲木桶原理，修复你的短板，在互联网时代，短板不重要，重要的是长板。所以说你要找到你的禀赋所在，开发利用你的禀赋，实现你的价值。具体的内容有五部分：第一战略统筹，第二市场细分，第三企业定位，第四品牌锻造，第五资源整合。

战略统筹：战略统筹采用的思路称之为"非线性的形态迁移"。工业时代，企业可以做五年或十年规划，因为那是一个以稳态、低速、边界清晰为特征的时代，那个时代进行战略统筹是具有极高的价值的；但互联网时代，快速、不稳态、边界模糊成为基本特征，这个时代的企业要进行战略统筹，基本属于形态层面的事情，基本可以总结为：无须远见地活在当下！

市场细分：互联网时代，信息极度泛滥，信息的真伪性有待验证，如何从海量的信息中获取有用的信息，如何从这些信息的背后挖掘出客户真正的需求，如何设计符合他们需求的产品或者服务，这种细分原则的复杂性是有别于工业时代的细分准则。

企业定位：产品序列的再设计。每个人的大脑，对不同的需求都可能对应一个产品或者品牌。比如说我说可乐，你会说可口可乐，智能手机首先是APPLE，很多产品在你大脑已经形成了一个定位。在互联网时代，企业要完成定位，就要想办法实现在消费者心智模式上的强占位，就是要把消费者大脑中原有的序列打乱，重新排序；所以，企业定位就是要做到产品序列的再设计。

品牌锻造：进军大脑的新捷径。工业时代的品牌塑造需要大量的时间和精力，可我们看看互联网时代，三只松鼠、三个爸爸、雕爷牛腩、黄太吉煎饼、Roseonly，它们用最短的时间、最少的资本完成了品牌锻造。在一个信息泛滥、人类的大脑像是一块满的滴水的海绵的状态下，如何完成品牌塑造？如何挖掘品牌的亮点，如何聚焦，如何将品牌价值削尖了头植入消费的大脑，这样的植入捷径到底在哪？

资源整合：分布式的红利链接。这个概念讲的是什么？今天资源已经不重要了，重要的是你有资源整合能力，其包含了 6 个部分，分别是资源的识别、资源的选择、资源的汲取、资源的配置、资源的激活、资源的融合。六大部分要解决一个问题，作为一个企业我要完成一个事情，我不需要完全控制。通过自己的禀赋，占领某个结点，通过资源整合的能力，形成利益共同体，获得的这个红利实际更多是利益分成的机制。

二、组织架构的进化：从金字塔科层制到足球队机体制

经营目标已经给大家简单说了一下，现在说一下组织架构。从金字塔、科层制到足球队机体制，活化企业生命力。工业时代的金字塔组织架构已无法适应互联网时代的需求，我们提出的组织架构称之为"球体模型"，类似于微观世界里的碳12原子。在现实生活中可以用足球队来描述这个模型，但不全面！足球队的11个队员尽管有守门员、前锋、中锋、后卫的分工，但这种分工又不是绝对的。比如射门，并不是只有前锋才射门，即使是后卫，只要有恰当的机会照样可以射门，不一定非要把球传给前锋。甚至在某些情况下，前锋被对方球员缠住，把球传给他，还是一个非常错误的行为。每个人都要盯住进球的机会，并利用这种机会进球。场外的教练和替补队员，不仅要时刻关注场上队员的战斗，而且要随时提供指导和服务。足球对各自的职责只是相对的，而非绝对。这种模型的转变实际上希望把企业变成一个机体组织，可以做到自调节、自适应、自平衡。我们分为几个步骤：企业八维干系人（利益相关者）结点式集群，完成一个利益共同体；完成平台化后，以产业链为基准，实现上下流的价值疏导，并明确自己的位置所在，这就是企业的生态位；完成生态位之后，要实现跨界整合，实现企业群的整体涌现性，这就是企业生态圈；进入生态圈后，企业会完成第四个进化，叫作无边界，实现控制与自治的和谐之法（这里无边界不是通用电器GE所倡导的无边界，GE所提倡的无边界只是要打破原来的企业自身的水平边界、垂直边界、外部边界和地理边界。我们所说的无边界是指企业与产业链中的其他企业、非产业链中的企业之间的这种关系，在这种关系中实现控制与自治）；最后企业会进入一种状态，我们称之为混沌状态，即整体有序与局部无序的完美融合。如何理解？举个例子，一杯水，它整体是平衡的、稳定的，实际上水分子在做不规则的布朗运动，这就是局部的不稳定、无序。混沌就是整体有序与局部无序。企业真正的活力源于此，这就是我们所倡导的从平台化跃迁到生态位，

从生态位到生态圈，打破边界最后进入到混沌状态。

三、人力资源的进化：从经济人到知识人

在工业时代人为什么叫经济人？比如在"丝→布→衣"中，整个过程中人的价值在那儿，实际上其是作为物理材料（资源）参与增值的过程，所以叫经济人。在互联网时代，价值的载体更多是知识、是信息，这个人叫知识人。工业时代的人力资源更多是对内的，尤其是管理者和执行者，互联网时代的人力资源是一个内外兼顾的平台化服务机构，服务的对象就是八维干系人。我们采用的方法如下：第一点是能动性优先，建立以能动性优先为宗旨的共生体。企业制定的任何办法、流程、制度、方法，如果限制了人的能动性，那它就没有存在的价值。第二点是价值体验，建立以价值体验为形式的沟通机制。马斯洛的需求理论在这个时代可能需要重新定义，企业人的存在实际上是价值优先，如果一个人的价值得不到释放、得不到尊重，他是不会停留在这个企业的。第三点是职业自治，建立以职业伦理为牵引的自治机制。我们的父辈，在工厂工作，他们强调奉献精神，坚持集体主义，个人无条件地忠诚于企业。可是如果对我们这代人来讲奉献精神，接受的人可能寥寥无几，我们更坚信按劳取酬。那么，对 90 后谈按劳取酬，他们对此不感冒的，工作对于他而言是一种能力的证明，是一种价值的认同，是一种职业素养，报酬只是顺带的。这个时代的人，我自己管理自己，我对我自己忠诚，我对我的职业忠诚，他就要完成这个就 OK 了。第四点是多维自选，建立以多维数据为手段的自选机制。很多人都在讲大数据，大数据不是单纯的海量的数据，而是多维数据的概念。对员工的考量也要从多维度来考量。第五点是使命激励，建立以自我使命为目标的激励机制。如果今天我们还只是简单从物质层面来做激励，那是无视当代人需求的一种自杀行为。现代人更多地倾向于一种价值体现，而这种价值体现更多源于一种使命感。我所从事的这份工作，到底对他人带来什么样的意义，这是当代人最需要解决的问题。

四、业务流程的进化：从百分比到指数级倍增

互联网时代的盈利模式、商业模式跟工业时代完全是两个概念，工业时

代强调日拱一卒，循序渐进，互联网时代关注的是网络倍增。如果在互联网时代无法实现网络倍增，那么企业转型互联网无从谈起！我们用5种方法来和大家分享。免费模式：重塑群氓之力。免费模式主要实现用户集群，用户群庞大，其一可以实现受众后期转换，当然这不是最重要，最重要的是第二点，那就是会出现涌现特性，群体的整体特性就会显现出来。关于这两点，推荐大家看两本书，《群氓时代》和《乌合之众》。有了用户群，还需要通过长尾来转化。长尾模式：产品的层级扩张。你的产品模式、业务模式、收入模式要做长尾。长尾最好的理解就是超市，长尾所需要的产品也可以采用整合机制获得。隐性收益：商业模式的新奇点。做了免费，做了长尾，还要会设计隐形收益，可以理解为俗语讲"羊毛出在狗身上"。企业之间的竞争在互联网时代，隐形收益空间的设计能力至关重要，设计不出隐形收益就不要转型互联网，你连互联网的门都摸不着。网络倍增：规模效应的新解读。做了免费、做了长尾，设计了隐形收益，接下来就是要完成规模效应，所采用的方法就是网络倍增技术。设计完整的网络倍增数学模型，将潜在的消费者转为目标消费者，将目标消费者转为实际消费者，将实际消费者转为粉丝追随者，将粉丝转为推销者，一传十，十传百，完成倍增体系。如果不理解，那就看看安利！掀风鼓浪：造浪与冲浪的平衡。互联网时代，眼球经济、粉丝经济、流量思维重要性不需要重复，关键是如何获取。工业时代，企业努力构建品牌来实现，互联网时代，企业需要借助"浪"来实现，第一你可以自己去造浪，第二别人造浪，你怎么去冲浪。

五、企业文化的进化：从功名利控制到潜意识响应

互联网时代是民主的时代，所谓的去中心化是讲如何摆脱控制的事情，我认为的去中心化实际上是去除了可视化的控制。可在潜意识层面的影响依然存在，企业就是要抛弃功名利这些物化的控制，弱化意识心态的迁移控制，进入到潜意识影响，我们给大家提供五个进化形态与路径。第一个是竞合共生：企业生存发展的首要准则。"竞合"是竞争合作的意思，对外谈合作，对内谈竞争，最好的案例就是肯德基跟麦当劳。什么叫共生？就是价值链上的每个人都要产生收益，所以企业要秉承一种竞合共生的理念，并传递到每个

人。第二是人文关怀：企业价值最直接的缔造者。人是有感知力的，企业提供的产品或者服务，如果没有将真实的生命经验放进去，那就是一种欺诈。你是真心对他好，还是你用你的大脑想出了办法对他好，这是能够分的清楚的。第三是信息对称：企业价值永不枯竭的源泉。这是讲开放的问题，所谓信息对称是指企业内部信息和外部信息要对称，上下信息、左右信息都要分别对称。把企业做成一个白盒子。第四是知识为纲：企业财富的发动机。今天信息很多，对企业有用的是知识，而信息只有通过筛选和加工方可成为知识。第五是断鳌立极：企业财富的原动力。讲的是创新，容忍创新的失败，去试错、去迭代。

六、龟息大法，统筹总览

在互联网时代，传统企业与互联网并不冲突或对立，在互联网时代，企业转型也只要明确两个答案，第一我是谁？第二为什么是我？及众·互联网共享平台构建商，以"互联网＋实体"的"创造＋共享"模式，与厂商、创客、消费者共建平台，让大家把最好的产品、创意和服务予以展示，一起共享。通过角色融合，合理分配，根据各自不同的需求购买产品享受"消费获利"，还可把共享的资源分享给更多的用户获益，让人们以最低的成本享受最好的产品和服务，共建平台，共创价值，共享成果。

明确品牌定位首先应该针对企业产品自身去分析，再根据产品去定位企业品牌。以我们元典集团旗下的千享科技为例，千享科技主营互联网营销服务，为企业提供营销策划、运营、培训等一系列的解决方案。因此千享科技的品牌定位就是面对中小型企业，为其提供互联网营销和企业咨询管理方案的互联网服务平台。确定互联网品牌布局的前提是：你需要对企业的目标用户进行全方位的分析，并明确你是需要通过互联网提高企业品牌的影响力，还是用户的转化率；再针对性地去了解分析互联网平台，从中挑选适合企业自身发展的平台。通过这样的分析之后再去做互联网品牌布局基本上就事半功倍了。我们集团侧重点于品牌传播，故主要布局为主流媒体、官网、官微；集团旗下的其他分属品牌则是根据不同用户对于信息获取渠道的喜好不同来确认品牌布局。团队配置与安排在企业的快速发展上起了决定性的作用。因此首先应该确立好每个渠道与布局的人员需求与对应的人员工作安排；再根据需求内调或招聘对应的专业人才，以专业对应性为标准，宁缺毋滥。一支专业、高效、执行力强的团队是企业发展过程中必不可少的一项。合理清晰的工作流程与考核机制可以更好地提高员工工作效率，激发员工工作热情。因此企业应该针对员工的数量以及工作内容进行合理划分。企业目前是根据团队、平台、岗位、分工目标等确认具体的工作审核机制、差异化的 KPI，然后通过多方共同制定与评估工作流程的合理性与可行性，并在实践中不断完善。

通过这样的互联网发展模式，许多中国传统企业从一家面临倒闭，负债累累的实体小公司发展到现在的集团型企业，成了一家服务于创业者、中小企业、初创企业以及社会就业人群的跨领域、规模化、多元化互联网服务企业。另外，进军互联网还应该注意哪些问题？不是互联网不行，可能是团队不行。保持团队专业水准或团队管理，该换人则换人。不要一味模仿复制其他企业的互联网营销套路，应该从公司自身的产品、用户角度出发，从团队现状和你的企业的发展方向出发，这样才能明白自己与别人的差异在哪里？才能明白是不是适合以同样的方式去发展？不要不舍得花钱，不尝试永远不会突破。要敢于尝试新的模式，敢于突破固化思维。通过专业的评估机制，对项目的可行性进行一个评估，防止保守、不敢花钱，同时也要防止冒进、把钱浪费在不应该的地方。如果难以起步或突破，可以寻求专业的咨询。把专业的事交给专业的人，这样才能达到高效。总而言之，企业想要借力互联网达到长远发展，最主要的就是要从品牌定位、产品定位、用户定位、团队执行力、考核机制、领导战略等方向出发；通过这几个方面采取针对性的互联网营销方式，或是借助专业的团队全方面发展自己的企业！

第二节　快消品行业在互联网下的奋斗

一、环球食品博览网的互联网化

（一）食品行业面临转型升级

优质进口食品消费和健康饮食概念催生了新的市场机遇，全国上百万家食品生产企业与近 10 万家进口食品贸易公司将共同分享这块巨大的蛋糕。然而，虽然部分企业的产品跟上了消费升级的趋势，但营销却拖了后腿，不少食品生产商与贸易商在产品营销方面还在走"老路子"，想要在市场中分得一杯羹并非易事。当前知名食品企业更多还是依赖传统电视广告，互联网广告也集中在了门户和视频网站，而这些广告仍然是治标不治本，无法为优质产品做背书和深入解读传播，营销效果可想而知。比如恒大的优质水源和西藏冰川 5100 等优质产品除了广告还是广告，无法更多给予产品深入分析和站在消费者立场的视点的解读，而这恰恰是优质产品区别普通产品的价值之所在。这让一个中立的客观的独立平台成为可能，食品行业必然像汽车、服装、家电、房产等行业在信息化的浪潮下提高自身的透明度和真实度，让市场和消费者在足够多的信息披露下去做选择才是正确的路径。另一方面，传统的食品流通依赖于各个地方的经销商，国内品牌食品都建立了庞大且系统完善的分销体系，但是中小品牌和进口食品贸易商很多不具备建立线上和线下分销渠道的能力，同时更不可能像大品牌一样拥有传统媒体的投放能力。国产食品品牌缺少互联网推广的平台，进口食品国内缺少有效的一手货源信息平台，传统的食品品牌厂家和进口品牌代理都是走展会推广路线，这也是当前食品展会火热的原因；但是展会的随机性、区域性、高昂的参展成本以及时间精力的巨大花费，都让中小企业不堪重负。进口食品的进出口商和国内品牌厂家无法快速实现产品在国内的推广销售，行业展会鱼龙混杂，80％的展会因为自身运作问题导致展会效果不明显，这导致品牌商有货找不到合适下家，而采购商又因为信息不对称无法快速找到一手货源的进口商和品牌方。他们迫切需要一个低成本推广品牌和快速获取对方信息的在线数字营销平台。

（二）抢滩食品行业数字营销

环球食品博览网的创建填补了这片市场空白。网站的访问者大多数是国内和国外的产品生产商或采购商、经销商，因此网站把所有产品分为若干类别，每个类别会再分为若干小类，每个产品频道会有高度集中的行业人士或目标受众群。这意味着该网站将有能力帮助提高每一位客户的品牌形象和信息发布的效果。目前该网站以优质食品和进口食品饮料资讯以及导购评测为主要内容建设方向，同时发布一手货源信息为厂商提供直接对接窗口。其中，导购评测在现阶段是一个十分关键的版块，它的功能是将专业编辑的 PGC 导购评测与用户的 UGC 心得分享融合起来，确保评测结论的真实性和客观性，以帮助潜在客户做出有价值的消费决策。环球食品博览网除了构建起自有的互联网平台之外，还建立了自有的微信、微博等全媒体矩阵，大大增强了产品和品牌信息在移动端和全网的曝光。当然，环球食品博览网运营团队的招牌本领，还是一套足够成熟的互联网数字整合营销经验。根据优质食品品牌企业客户的需求，平台可免费提供食品饮料品牌企业的网络营销诊断服务，还可以提供升级服务，如品牌基础服务和全案策划、数字网络整合营销、营销型网站建设、品牌企业一站式解决方案等，让互联网的每一个流量都实现最大价值，真正做到精准营销。目前主推有 6 种品牌策划和网络营销整合服务方案，拥有非常系统成熟的实施经验。在大数据时代，数字营销让营销变得更聪明，是最有效、最有价值、性价比最高的营销推广方式。积极介入数字营销，不仅仅可以提升企业品牌的曝光量，还可以帮助广大中小食品企业真正了解消费者的潜在需求，达到精准营销的目的。一个能够提供优质数字营销服务的平台必将会得到全行业的拥抱。

（三）专业的人做专业的事

至 2015 年底，环球食品博览网注册企业会员和采购商超过 30 万，预计未来一年将突破 100 万，这样的成绩，离不开项目背后团队的功劳。这是一支由来自多个相关行业内精英所组成的专业队伍。王小博本人有着 8 年外资品牌和民族品牌企业市场营销的实战经验，以及 4 年的食品行业互联网转型经验，曾服务世界 500 强上市公司和民企 500 强上市公司，从事过业务代表、产品经理、市场总监、CR 经理、区域销售总经理等营销岗位，操作过 1 亿元销售项目，负责过价值 5 亿元产品线管理推广，参与品牌区域销售实现 10 亿营收，连续多年摘取全国销冠。除此之外，团队之内还有资深的媒体广告人、技术大牛、进口供应链专业人士等。可以说，这是一支充满创业热情和智慧的队伍，他们从各行各业中走来，聚到一起，凭借着各自的专业经验，共同促成了环球食品博览网的迅速崛起。但现在依然只是起步阶段，朝着食品行业领先的"互联网＋"平台的目标，他们正在一路狂奔。

二、娃哈哈的互联网化

90 后、00 后被称为互联网"原住民"，移动互联网的普及让他们从小深受互联网影响，他们喜欢个性独特、怪趣的东西，常常口冒金句，发表毒辣观点，相较于 70、80 后他们的想法更新颖。新生代"消费小主"们的这些变化，让越来越多的品牌意识到，只有和"原住民"在同一频道对话，才能抓住未来客户的心。作为国内饮料巨头企业，娃哈哈也在积极拥抱互联网，不断地转型升级与年轻消费者的沟通方式。"每天固定刷微博微信朋友圈"几乎是每个 90 后的习惯。你印象中的娃哈哈可能不是那么时尚，但当你打开娃哈哈的微博主页和微信公众号时，你一定会发现一个和想象中不一样的娃哈哈。除了日常走心的运营外，娃哈哈对节庆热点保持着敏锐嗅觉，在第一时间送上"热腾腾"的精美图文内容——有时候是温暖关怀，有时候是恶搞趣味，连送福利都要搞花样，让消费者大呼"套路很深，很会撩"。

（一）植入网剧和网络综艺，娱乐营销推动品牌年轻化

近几年，网剧和网综植入营销成为品牌兵家必争之地，娃哈哈也顺应品牌营销娱乐化的趋势，以多元化的植入营销玩法呈现品牌形象。比如今年热播的青春剧《夏至未至》中，其把宋盈盈的吃货形象和 AD 钙奶联系起来，植入有点污秽的小片段，用"喝啥补啥""我的奶不见了"的幽默台词让广告更有看点，让网友不禁感叹"老司机！"。这些来自 80 后、90 后的创意，自然也让娃哈哈的形象更年轻有趣，符合年轻消费群体的心理。网络综艺在近几年数量和质量呈现集中性爆发，节目类型也从早期单一的脱口秀向多元类型拓展，质感逐渐提升，受到了时下年轻人的空前热捧和关注。网络综艺在品牌植入上取得的喜人成效，让各品牌纷纷锁定这块蛋糕，挖掘新玩法。2016 到 2017 年上半年，娃哈哈先后冠名和赞助了《闪亮的爸爸》《十三亿分贝》和《好好吃饭吧》等节目。其中《好好吃饭吧》更是开启了明星跨屏式互动的综艺模式，手机电脑两块屏幕同时上，采用直播来增加互动。每一期空降的明星嘉宾，如鹿晗、林宥嘉等也为娃哈哈品牌曝光带来了巨大流量。

（二）多产业多平台跨界，全方位深入消费者

作为传统企业，娃哈哈保持着开放合作的心态，探索营销的边界，从

2015 年来不断试水跨界营销，合作多家新兴互联网企业，强强联合，达成品牌共赢效果。比如共享单车骑行热潮席卷各大城市的 2017 年，娃哈哈与摩拜和 ofo 分别进行了多场品牌营销活动——参与摩拜杭州 100 天庆典、与 ofo 共同推出小黄车免费骑行包月卡，从消费者的"喝"跨越到"行"，参与消费者生活的方方面面。短视频平台也是年轻消费者的聚集地。今年六一，娃哈哈联合小影 APP 进行"喝奶大赛"挑战合作，在平台上直接征集创意喝 AD 钙奶的方法，用有趣的方式吸引网友参与。视频播放总数达 394.4 万，网友发布喝奶视频 5435 条，累计曝光 313.6 万。游戏市场近年来收割了大量 90后，00 后粉丝。娃哈哈也乘势与游戏品牌合作，在今年 9 月，联合了完美世界旗下的 CS GO，和粉丝一起走进游戏世界。除了在社交媒体上"浪得飞起"的内容互动营销、不断创新的综艺影视剧植入营销和跨界营销，娃哈哈在体育赛事赞助、节日活动营销上也持续发力，尝试在互联网新型环境下，将品牌植入变得更有生机。

作为中国饮料行业的领军品牌，娃哈哈也在学习面对不断变化的品牌营销大环境，开始试水无人超市，探索新型零售方式，积极开拓线下营销的全新可能性。到今年已经走过 30 年辉煌岁月的娃哈哈，会用怎样的战略方法构建属于自己的数字营销之路，让我们拭目以待。

三、蒙牛的互联网化

蒙牛的"互联网＋"转型走的是跨界战略路线。在保证产品质量的同时，蒙牛在跨界营销以及产品形式上做了大量尝试。2014 年，蒙牛与百度合作推出二维码可视化追溯牛奶"精选牧场"，将牧场放到了"云端"。同年 11 月，蒙牛跨界与滴滴战略合作，尝试了从战略到渠道方面的资源最大化的无缝对接。2015 年 5 月，蒙牛与自行车品牌捷安特签订了品牌、渠道、资源等多方面的战略合作协议，并应用智能塑形牛奶 M-PLUS 的适配硬件产品智能体质仪让用户获悉身体状况，通过云端推送量身定制的私教计划和蛋白质补给提醒到 APP。除此，蒙牛的最新产品是与明星合作的定制性产品，极致单品的互联网思维应用在了其产品上。近期，蒙牛还与 NBA、上海迪士尼度假区等签订了战略合作，成为蒙牛在跨界战略方面的重点布局。不断的跨界合作与尝试，使得蒙牛越来越具备互联网思维。而战略合作会深入到品牌、渠道、资源甚至供应等方面。传统企业在与互联网企业的合作中，会有很多不适用互联网模式的操作模式被过滤掉，最后双方磨合出最佳的模式，这个模式就是传统企业转型升级的最终模式。

第三节　传统农业在"互联网＋"下的转型和升级

从古至今，农业一直以来就是人类的衣食之源、生存之本，是一个国家长治久安、百姓丰衣足食的基础保障。中国农业发展历史悠久，作为最传统的产业，农业对推动农村经济、提高农民生活水平有着重要的意义。如今，我国已经成为农业大国，农产品远销世界各国。随着农业基础设施建设的不断加强，农业逐渐走向了现代化、机械化、智能化。然而，我国农业发展仍面临许多瓶颈。生态环境的日益恶化导致耕地面积不断减少，小农经营模式规模小、效率低、产出少，再加上生产技术相对落后、基础设施薄弱，严重阻碍了农业的现代化发展步伐。传统的产供销模式弊端日显，因无法及时掌握市场信息，导致供过于求、销不对路、库存积压等现象较为严重，影响了农民的收益，造成了不小的损失。在不断增加的人口压力以及竞争激烈的市场环境下，传统农业亟待探索出一条适合我国国情的现代化农业发展之路，因此改革创新迫在眉睫。当下，互联网正以不可阻挡的迅猛发展之势席卷各行各业，给各行业来带了巨大冲击，但同时这也是转型升级的机遇。农业融合互联网是大势所趋。运用互联网思维，借助互联网技术将农业生产、加工、销售等环节有效连接，重塑产供销模式，有助于推进"互联网＋农业"的快速发展。

一、青州传统农业转型升级

近年来，青州市顺应互联网快速普及的趋势，依托本地花卉、林果等特色鲜明的农产品优势，加快实施行动，助推传统农业转型升级。随着京东等电商巨头纷纷在青州市成立服务中心，物流时间大幅缩短，极大改善了本地居民的网上购物体验，实现了网货走进来、农产品卖出去。截至目前，该市农村淘宝已覆盖4个街道、8个镇及开发区，已确定52个村级服务站，到今年底计划在人口 1000 人以上的村再建设 150 个村级服务站。为了使花卉更好地走向全国，青州市实施了"互联网＋花卉"行动，建成了花卉电商一条街，成功引入中国第一家鲜花上市公司春舞枝集团。花卉电商 3 年时间从无到有，目前已发展到 372 家，今年上半年，青州市花卉电子商务交易额实现 9．8 亿元，同比增长 17．9%。青州市还打造了本土农产品电商平台——"地主网"，主要以线上线下销售相结合的模式，通过聚集最优秀的农业资源，为消费者、农产品批发商和采购商提供绿色、有机的安全优质农产品，同时为农企、合作社、家庭农场、种养大户提供产销对接、金融担保及农资、农机等服务。目前，"地主网"已开设特色省级运营中心 8 家，山东地区已开设特色地级馆 15 个，开设特色县级馆 64 个，普通店铺近 1000 家，产品品类已达 1500 余种。同时，依托区位交通优势，完善物流体系，打通物流最后一公里。已建成的泓德物流园总投资 6 亿元，建筑面积 22 万平方米，项目包括现代化分拨配送中心、仓储中心、配套服务中心、大型货车服务中心和泓德物流信息交易平台共五大部分，顺丰、宅急送及"四通一达"等 14 家快递企业入驻，与邮政、京东商城青州服务中心一起组成了城乡共同配送体系，实现了信息流、资金流、物流和商流的高效整合，有效解决了物流最后一公里问题。

二、石山传统农业转型升级

在江苏苏州举行的全国"'互联网＋'现代农业工作会议暨新农民创业创新大会"上，石山互联网农业小镇作为全国唯一一个镇级代表在会上发言介绍经验，石山镇探索创建"互联网＋农业"的创新模式和成果，得到与会嘉宾与业界的高度认可。

（一）全面触网，提出"1＋2｜N"新模式

走入石山镇，处处树木参天、鸟语花香，黑豆、玫瑰、黄皮、荔枝等农作物的种植基地散布在小镇各处。记者观察发现，WiFi 全覆盖、农业全面触网，互联网技术早已渗透在小镇的每一角落。曾经，石山镇也延续着传统农业发展方式，粗放管理，自产自销，效率低下而收益微薄。直到去年，海南省首个互联网农业小镇落户于此，引领当地农业火速"触网"，打造火山特色热带高效精品农业，使"石山"变"金山"。创建之初，秀英区在石山镇投入

4329 万元建设互联网基础设施，实现光纤入户 3990 户，在石山形成了"镇级运营＋村级服务"的运营模式。秀英区委书记张霁表示，石山镇将互联网技术渗透进农业生产、经营、管理、服务、创新等各个环节，为农技推广、农村金融、农村管理等提供全方位信息服务。

有了完善的公共服务设施，石山在全国率先探索提出了"1＋2＋N"的互联网农业小镇新模式，即通过搭建一个互联网农业综合运行平台，建设运营管控中心和大数据中心，为当地农产品销售、新农民培训、农村政务管理等提供全方位的服务。同时，成立石山互联网农业产业联盟，聚合农产品资源，线上线下抱团发展，打造"海岛生活"和"火山公社"电商平台，通过现场竞拍、期货订单、股权众筹等模式，打造了一批富硒黑豆、火山玫瑰等石山精品农业品牌。

现在，石山镇的发展进一步延伸到"物联网"——积极推进 10 个物联网示范基地，通过信息技术达到物物联通、无线监控、全方位管理的效果。目前已建成石斛、壅羊、荔枝共三个示范基地。为"农业注入互联网基因，为产品打开销路，仅去年石山农产品电子商务成交额就接近亿元，农民的积极性一下子被带动起来。"石山镇副镇长胡炜彬介绍，"'互联网＋农业'平台的建设，吸引了大批村民回乡创业，2015 年全镇农民人均收入 8652 元，同比增长 59.4%。"

（二）产业跨越，打造全域 5A 景区

每个周末，都有不少市民来到石山休闲观光。他们沿着火山石铺就的石板路徐徐前行，一路欣赏田园美景、聆听古村故事，走入农田亲手采摘新鲜瓜菜。累了疲了，便夜宿冬暖夏凉的火山民宿，享受宁静的山中月夜。今年来，秀英区提出了打造石山镇火山全域 5A 级景区的建设目标，以互联网信息技术为纽带，将集人文、生态、环境为一体的要素资源整合起来，实现"互联网＋农业＋旅游"的产业跨越。拥有千年古韵的三卿村是其中典型的例子。三卿村以合作社形式发展火山黑豆种植，并打造黑豆主题农家乐，在爱哪哪网、旅行社、驴友俱乐部等媒介进行推广。游客在农家乐种豆、磨豆，了解黑豆故事和风俗，极大丰富了用户体验。该村村民小组长王杰说，黑豆农家乐每个周末能接待 10 桌至 20 桌客人，月营业额 3 万元左右。据统计，各农家乐和民宿人气爆棚，每逢节假日都会招徕四方游客，仅在今年春节七天便引来7万多游人。现在的石山，火山景观、农业风情和民俗体验融为一体，火山口地质公园、开心农场、人民骑兵营等核心景点镶嵌其间，整个小镇变成了一个没有边界、没有围墙、居旅相宜的大景区。

三、沙集模式

沙集模式诞生于徐州市睢宁县沙集镇东风村，2007年，沙集镇东风村几个年轻人尝试利用淘宝网销售自制拼装家具，开启了沙集的电商之路，改变了这个苏北贫困小镇的命运，使之成为一片拥有网商2万余家、网店15000余个、家具厂2000余家、2015年销售额超40亿元的电子商务沃土。"网络＋公司＋农户"模式，其中家庭经营的农户是发挥主导作用的主体，实体公司是农村产业化的基础，而电子商务平台所代表的互联网则是带动农村产业化的引领力量。不产木材的沙集镇，依托淘宝开店，居然形成了规模可观的家具加工制造业，品类齐全、各式各样的家具在这里几乎都制作。为发挥"集团军"理念，沙集成立电子商务协会，对内进行资源整合和人力培训，以及规范网销行为和提升品牌。对外"抱团发展"，形成一个强势的"话语平台"，跟物流、电信、原材料供应商等谈判，有效降低了成本。正是充分发扬了互联网开放与共享的精神，沙集模式才能经久不衰。

四、全国苗木网店集散中心

颜集镇是全国面积最大的花木基地之一，近年来依托互联网大力发展花木网上营销，成效显著。颜集镇盛产花木、板栗、银杏，林木资源丰富，尤以花木、板栗著称，全镇现有花木面积5万亩，种植户1.2万余户，花木从业人员达3.5万人，14个行政村全部建成花木专业村。颜集镇被评为全国首批"中国花木之乡"。近年来，镇党委、政府为了拓宽花木销售渠道，推行"网店＋公司＋基地＋农户"发展模式，通过采取培训引导、示范带动、观摩推动等措施，全镇已发展各类网络创业项目5000余个。全镇花木年销售额约15亿元，其中，网络销售额超5亿元，农民人均纯收入16000元。近年来，先后荣获"江苏省一村一品（花木）专业示范村镇""全国首批20个淘宝村"

等荣誉。2015年，颜集镇被农业部认定为"全国一村一品示范村镇"。宿迁市委、市政府积极部署农民网络创业，实施"互联网＋农产品"三年行动计划，与知名电商签订战略合作协议，开展电商进村行动。泗阳县、宿豫区建成电子商务产业园，泗阳县、泗洪县、宿豫区依托京东等知名电商网站，开通县级农产品电子商务特色馆。全市123个乡镇（街道）有81个建成乡镇电子商务服务中心（一条街）；1397个行政村，有1221个实现"一村一店"或"一村多店"，共有网店4万余个，"触网"农产品141种，2015年农产品网络营销额突破30亿元。沭阳县沂涛镇东王庙村、东小店乡谢圩村和泗洪县临淮镇的农村淘宝交易额位居全国前五。中央电视台、人民日报、新华社等主流媒体多次进行了宣传报道。

第三节　总结

支付宝的支付、转账、余额宝等功能改变人们的生活方式，同时对银行的传统模式形成了强有力的打击；微信基于互联网实现的信息沟通，打破了传统通信运营商的通道垄断等等，这样的事情在身边不停地发生。这些握有大数据、握有关系链的企业，给传统企业带来了摧毁性的打击。互联网发起的这场跨界战争，使得各行各业都在发生翻天覆地的变化，行业之间的边界正在打开，传统广告业、运输业、零售业、酒店业、服务业、医疗卫生业等，都可能被逐一击破，更便利、更关联、更全面的商业系统正在逐一形成。当传统企业面对汹涌而至的"互联网＋"浪潮，和国家经济新常态下的企业业绩增长方面的巨大压力时，传统企业不得不面临着企业转型，以带来新的利润增长。

一、改变服务模式

在传统的商业里，我们都说客户就是上帝，在这样的经济关系里，只有两个维度：一个是商家，一个是客户。客户是谁？是花钱买你东西的人。谁向你付钱，谁就是上帝。这是传统经济的游戏规则。而如今，所有的产品都存在高度同质化，从提供给用户的功能，到后来的是满足用户的需求，或者说是为用户创造价值。但最终你会发现，取胜的决定性因素是用户体验。这是跟传统商业完全不同的概念，在互联网上，不是花钱买你东西的人是上帝，而是不管有没有花钱，只要用你东西的人都是上帝。所以当你的产品体验越好也就意味着你的用户群体越庞大，而他们将会给你带来更大的收益。在互联网上，真正能够发展的好的企业，不管是在跟同行竞争的企业还是本身就存在争议的企业，他们都不会也不敢去得罪自己的用户。所以你只有想办法给用户提供了高品质的服务，甚至是免费服务，把他们都变成你的用户基础，你才可能去构建商业模式。传统企业最大的挑战是要学会用互联网的思维去做后续服务，因为互联网的模式就是免费。互联网上免费的商业模式，是让你延长你的价值链。在别人收费的地方免费，然后想办法创造出新的价值链来收费。这是对传统互联网的颠覆和破坏，它破坏了传统的商业模式，同时又建立新的价值体系。比如硬件厂商，目前大多数硬件厂商已经开始转型物联网，虽然不说免费，但大部分都处在零利润阶段，他们开始布局更大的生态圈去做后续服务，来创造出新的价值链来进行收费。而目前的最大厂商之一英特尔为物联网更是推出两款免费操作系统。这都是目前传统企业"互联网＋"转型的真实案例。当你在别人免费的时候想"让他们都赶紧赔光倒闭吧，以后就只会剩下我了"时，看看微信、支付宝吧，微信干的三大运营商措手不及，支付宝干的传统银行业联合抵制。这就是传统服务模式跟互联网服务模式的区别，传统企业要想寻找破局就必须要改变现有的服务模式。

二、管理模式的转变

在"互联网＋"的潮流中，转型一词频繁地出现在传统企业中，但是管理其实也很重要，却往往最容易被人忽视。一个伟大的企业，往往在其过去的发展过程中会形成规范的组织结构、完善的考核体系、优秀的战略管理，但是这些在过去几十年所沉淀下来的管理体系是否适合于新战略的管理需求？过去企业雇佣的是工人的手，过去可以通过标准化、量化的工作正在被智能设备所取代，工业时期的"劳动分工原理""制度化管理理论"等传统管理思想已经越来越不适合现在的社会需求。在过去的企业管理中人与人之间是离散的，常常出现信息不对称，很难做到实时沟通，出现的问题不能做到及时处理。在互联网时代里，工作与生活都处在一个快速的节奏中，谁反应慢了就面临着被淘汰的可能。很多巨头的陨落正是因为面对变革潮流时无法实现快速的应对，而眼睁睁地看着自己衰弱下去。互联网的关键词是连接、高效、敏捷、智能。因此，企业管理要适应移动化就必须要提高组织效率和商业效率以实现移动化链接、快速化相应、智能化整合。在这样的前提下移动办公平台应运而生，这种全新的办公模式，可以摆脱时间和空间对办公人员的束缚、提高工作效率、加强远程协作，尤其是可轻松处理常规办公模式下难以解决的紧急事务。移动办公解决了全员在线形式，它把碎片化时间充分地利用起来，解决企业信息对称问题，做到实时沟通。同时全员实时在线，让团队之间在沟通、交互、处理业务等协作更高效。移动办公在沟通协作上能做到多端数据同步，资料云储存形成数据积累能随时随地查看，从而提高整个企业的工作效率，做到管理更可控。目前这一类企业很多，像钉钉、微洽等都在为企业做移动化办公解决方案，尤其是微洽专注大中企业服务，能为大中企业提供管理互联网转型。

用互联网精神来改造企业内部的经营管理和产业的上下游价值链。"平等、开放、协作、分享"既是互联网精神，也是传统企业互联网化的思想基础，甚至可以说是衡量一个企业能否开始互联网化的重要指标。如今整个中国经济的各个行业、各个领域都在加速用互联网神经脉络替代传统行业的神经脉络。这种替代创新，不仅可以提升传统行业的运行效率、效益，甚至会改变传统行业的发展运行生态，迸发出新的能力，衍生出新的行业。

参考文献

[1] 吕劲松. 关于中小企业融资难、融资贵问题的思考 [J]. 金融研究，2015 (11)：115-122.

[2] 张晓玫，宋卓霖，何理. 银企关系缓解了中小企业融资约束吗？——基于投资－现金流模型的检验 [J]. 当代经济科学，2013 (05).

[3] 钱龙. 信息不对称与中小企业信贷风险缓释机制研究 [J]. 金融研究，2015 (10)：115-130.

[4] 罗奕. 破解中小企业融资困局：国外经验与我国对策 [J]. 企业经济，2012 (07)：116-119.

[5] 邹雄智，刘锦. 中小企业电子商务发展策略 [J]. 企业经济，2012 (12)：89-91.

[6] 陆杨. 互联网金融模式下中小企业融资路径探析 [J]. 商场现代化，2017 (10).

[7] 符家辉. 互联网＋时代中小企业营销策略选择 [J]. 现代营销，2017 (11)：65.

[8] 杜倩. 中小企业营销管理存在的问题分析及解决措施探讨 [J]. 现代营销，2017 (11)：93.

[9] 王鹏，郭燕南. 中小企业财务管理中存在的问题和解决措施 [J]. 山西农经，2017 (17)：91.

[10] 朱远霞. 探讨中小企业的发展现状与未来发展趋势 [J]. 中国商论，2017 (08)：90-91.

［11］王继承，许春燕. 怎样助力中小企业发展［J］. 中国经济报告，2017（09）：77-80.

［12］罗云. 优化我国中小企业信息化管理的路径研究［J］. 中国管理信息化，2017（18）45-46.